# 会计改革与管理的创新研究

## 孙桂春 著

延边大学出版社

**图书在版编目（CIP）数据**

会计改革与管理的创新研究 / 孙桂春著. -- 延吉：
延边大学出版社，2022.6
ISBN 978-7-230-03351-0

Ⅰ．①会… Ⅱ．①孙… Ⅲ．①会计改革－研究－中国
②会计管理－研究－中国 Ⅳ．①F233.2

中国版本图书馆 CIP 数据核字(2022)第 092606 号

## 会计改革与管理的创新研究

著　　者：孙桂春
责任编辑：邵希芸
封面设计：品集图文
出版发行：延边大学出版社
社　　址：吉林省延吉市公园路 977 号　　　邮　　编：133002
网　　址：http://www.ydcbs.com
E-mail：ydcbs@ydcbs.com
电　　话：0433-2732435　　　　　　　传　　真：0433-2732434
发行电话：0433-2733056　　　　　　　传　　真：0433-2732442
印　　刷：北京宝莲鸿图科技有限公司
开　　本：787 mm×1092 mm　1/16
印　　张：11.75　　　　　　　　　　　字　　数：223 千字
版　　次：2022 年 6 月　第 1 版
印　　次：2022 年 7 月　第 1 次印刷
ISBN 978-7-230-03351-0

定　　价：68.00 元

# 前　言

　　随着市场经济的不断发展，我国从 20 世纪 90 年代初期开始在会计领域进行改革。会计改革包含了两个主要方面：会计制度改革和会计管理体制的改革。其中会计制度改革是会计改革的核心，会计制度改革直接影响到会计改革的成败。另外，会计管理是保证会计工作正常有序展开的重要手段，因此，完善会计管理会很大程度地促进会计工作的正常运营。目前，我国会计改革发展与会计管理模式仍有许多不足之处。如何建立起与市场经济发展相适应的会计制度和会计管理体制是目前我国企业面临的重大问题。本书对目前我国的会计制度改革和会计管理模式进行探究，以期找到适合中国特色的会计发展之路。

　　会计管理水平主要与两个方面挂钩，一是管理制度对会计管理的影响，另外是会计人员素质问题。我国目前面临的会计管理问题主要是会计工作人员造成的。由于会计工作人员的素质不高，法律意识淡薄，经常采用一些不正规手段根据经营者要求进行做账。另外就是会计管理手段落后，思想迂腐，加之领导对于会计管理的不够重视和会计部门监督机制不健全等导致会计管理工作开展困难。

　　会计工作是保证市场经济环境下企业经济科学发展的重要组成部分。会计改革与管理其实是合为一体的，会计改革是为了适应市场和国际环境发展的需要而进行的，而会计管理是保证会计工作正常有序开展的基础。会计改革与管理是一项十分艰巨、复杂且漫长的工作，要促进会计工作有序地开展，现代企业能够健康发展，我们必须要适应新形势，根据市场经济的发展不断进行改革并且根据《中华人民共和国会计法》（以下简称《会计法》）不断完善企业的会计管理体系。只有这样，才能促进我国会计工作的正常运营。

# 目　　录

# 第一章 会计改革的理论研究

## 第一节 推进新形势下的政府会计改革

在党的十九大报告中，习近平总书记指出，现阶段我国的经济增长已由高速增长转变为高质量发展阶段，是转变发展方式、优化经济结构、转换增长动力的关键时期。而政府会计改革已经提上日程，并且在 2019 年 1 月 1 日实行了新规，但在新形势下推进政府会计改革的过程中，却出现了许多让人应接不暇的问题。本节主要选取了专业人才的缺乏，会计信息的质量和会计核算方法的转变困难三个问题作为主要的研究对象，并且从三个相对应的方面提出了解决的对策，希望可以解决政府会计改革在当前形势下遇到的问题。

### 一、新形势下政府会计改革的现状

为了认真地贯彻落实党的十九大精神，需要构建统一、科学、规范的政府会计体系，推进以权责发生制为基础的政府综合财务报告的落实。建立健全以"双功能、双基础、双报告"为基础的政府会计核算标准体系。但是，政府会计改革不能仅仅对会计原则进行改革，因为从管理的层面来看，政府会计改革改的是单位的体制和机制，以及整体的管理理念，还有流程再造。但现在改革的现状却令人不容乐观，存在着诸如缺乏专业人才，会计信息质量有待提高和会计核算方法一时难以转变等问题。在这种现状下，政府会计改革势必受到阻碍，需要在改革的进程中将出现的问题及时解决，不断推进政府会计改革的向前发展。

## 二、新形势下政府会计改革中存在的问题

### （一）缺乏适应新形势的政府会计方向的专业人才

现阶段，在推行新规的进程中，暴露出来的较大的问题是专业人才的缺乏。单位内很多员工对新规还不太熟悉，实务操作跟不上新规的发展。因为对流程的不熟悉，对新规的不了解，导致新规的实行受到阻碍。因为，在现阶段，我国对于会计人才的教育还有所欠缺，特别是对于政府会计方面人才的培养更是存在很多不足之处，根本无法满足政府单位对于人才的实际需求。在各大高校的会计系必修专业课程中，根本见不到政府会计的身影，政府会计只是作为一门可有可无的选修课而存在。但是就算是作为选修课存在，所教授的知识依然不能与实际接轨，甚至有些财经类院校根本没有开设政府会计这门课程。正是因为如此，才会导致在改革的过程中，可用的人才少，甚至出现无人可用的现象，严重阻碍了政府会计改革的进程。

### （二）会计信息质量有待提高

在《政府会计准则——基本准则》的要求中，政府会计的信息质量必须要能满足政府内部使用者进行内部管理与调控的要求，还必须要满足外部使用者提高决策准确性的要求。《基本准则》要求政府会计主体提供的会计信息应当具备可靠性、全面性、及时性、相关性、可比性、及时性和可理解性。但是当前的政府会计还没有形成相当完整的体系，对于财政收支基本上还是通过预算管理来进行调控的，所以使得政府会计的信息无法及时、准确、全面地向政府会计信息使用者进行传递，导致政府会计信息在可靠性、可理解性、及时性等方面存在很多问题。首先，在新规施行以前，政府会计的核算长期以收付实现制为基础，出现了资产闲置以及资产账实不符的现象。直到现在，这些问题依然没有得到彻底解决。这就造成了会计信息的可靠性、可比性不强。其次，按照《基本准则》的要求，政府会计信息应该在规定的时间内对外披露涉及政府会计的所有财务信息，以此来实现外界对财政资金的监督。但是当前的政府会计报告在报告日后半年才会对外披露，使得政府会计信息的及时性大打折扣。最后，从对会计信息的监管层面来说，政府会计还没有形成内部控制、内部监督、内部审计三者相结合的现代化监督体系。缺乏现代化的监管手段，就容易造成政府会计信息的失真。

## （三）预算会计核算方法转变困难

权责发生制在政府会计工作中发挥着非常积极的作用，但是现阶段权责发生制的应用依然存在着较大问题。第一，实现两者的转变需要付出较大的成本，新制度的应用需要增加许多新的会计科目内容，这就需要大量的人力物力，才可以将新的会计科目完善。第二，新制度的实施对于现有的工作人员来说是一种挑战。长期在旧制度的工作模式下，会使得政府会计工作人员安于现状，难以接受新的挑战。在改革的过程中，就会出现一系列的问题。当前，我国政府并未出台与政府职能发展相匹配的规章制度，导致权责发生制很难落到实处。

# 二、解决对策

## （一）加快新形势下专业人才的培养

第一，各大高校是培养会计专业人才的主战场，各大高校在进行培养工作时，一定要做好各方面的工作。首先，在教材的选取上，应该选择与时俱进的教材，不仅要紧跟我国政府会计改革的脚步，还要借鉴国外的经验。不仅仅要新，还要具备应有的实务性。"纸上得来终觉浅"，再精湛，再完美的理论知识也只会在进行实际操作时才能发挥出最大的作用。选取的教材要能够使得理论、准则、制度和实务融为一体。其次，在教师队伍的选取上，要选取对政府会计人才培养有经验，有独到见解的教师团队，培养出真正的有实操经验，有学识的高校毕业生。第二，对于会计专业人才要强化继续教育。随着改革的稳步进行，政府会计知识在不断地更新，政府应该大力提倡"活到老，学到老"的思想，为政府会计人员继续教育创造必要的学习条件，不断更新知识库，提高专业素养。第三，对于专业人才的选拔机制，做到任人唯贤，而不是任人唯亲，要把人力资源放到最合适的岗位上，物尽其用。第四，要想提高专业人才的能力，可以开展多种形式的培养方式，比如，参加培训、开创相关报刊、进行课题研究、参加学术会议等，为政府专业会计人员的成长提供交流的平台。第五，作为人才主战场的各大财经类高校应该与政府建立良好的合作关系，现在绝大部分大学生的实习平台是企业，很少有进入政府部门进行实习的。鉴于此，政府应该联合高校制定相关的考评机制，通过公平的考试选拔出优秀的大学生，每年给各高校一定的名额，拿到名额的学生可以获得进入政府部门实习的机会，从而真正实现理论与实践相结合，培养出符合新形势改革下的政府专业会计人才。

## （二）提高政府会计信息的质量

要想提升政府会计信息的质量，第一，提高会计专业人员的职业水平。因为编写政府财务报告的参与人员主要是会计人员，政府财务报告的质量高低取决于编写人员的知识水平和工作能力。要对会计人员进行专业培养，要求其掌握相关的国家法律法规，在编写报告的过程中严格遵守职业道德及其规范。第二，有一句话是"常在河边走，哪有不湿鞋"。这句话从侧面反映出，从事会计工作，不仅要做到慎独，还需要有必要的监督。要想强化监督机制，首先，单位内部应该制定完善的内部管理制度，攘外必先安内，需要先加强内部的监督机制。其次，监督机制的实现还需要内部审计部门的配合。在成立内部审计部门时，应该建立独立的审计体系，可以从外部聘请具有独立性的注册会计师进行审计。最后，随着社会的发展进步，监督机制应与信息化技术连接起来，构建成一个内部审计、内部监督、内部控制紧密结合的体系，从而实现对政府会计信息的有效监督，提升政府会计信息的质量。第三，除了内部监督以外，还应充分利用外部监督。政府应按照政务公开要求，及时向信息使用者公开会计信息，自觉接受社会公众的监督。在社会的监督下，政府会计信息质量将处于一种透明的状态，对于提升会计信息质量有很大的益处。第四，对于对外披露的报告，主管部门要对与信息披露有关的法律体系进行完善，使其更加真实，全面，可靠，及时地披露政府会计信息，提升会计信息的质量。第五，对于会计信息失真的现象，有关部门要制定明确的法律条义来进行管理。明确财务报告主要负责人以及提供会计信息的其他人员对会计信息的完整性、准确性等应承担的经济、民事和法律等方面的责任。对于提供虚假财务报告，给信息使用者造成重大损失的，还要依法追究其刑事责任。各执法部门要严格按照国家的相关规定来执行，绝不放过任何一种违法犯罪的行为，以此来保障政府会计信息的质量。

## （三）加快新旧制度的衔接

收付实现制是以收到或支付的货币资金为依据来确认入账，而权责发生制是以物权转移为依据确认入账。新旧制度的衔接需要具体到不同的会计科目。用固定资产举例说明，要想实现新旧制度的衔接，不仅要将原固定资产科目转入到新固定资产中，还要将旧制度下缺失的固定资产的折旧补提回来。在补提折旧时，需要考虑到年限的问题，财政部对固定资产的折旧年限进行了规定，并对固定资产进行了分类管理，单位在执行过程中，就必须严格执行规定的要求，提高固定资产的处理质量。此外，实现新旧制度的衔接，还可以运用试点改革的方法进行推广，对各单位接受新规的能力进行详尽分析，找到适应能力好的单位进行试点改革，然后进行推广，以此来实现新旧制度的有效衔接。最后，在新世纪信息化的前提下，权责发生制对于会计信息系统化的要求较高。我们应该不断提高会计信息系统化的水平，根据我国的国情，借鉴他国的成功经验，构建符合我国实际情况的会计信息化系统。

# 第二节 金融企业会计改革

在经济全球化的深入发展过程中，我国金融企业的会计准则以及标准也逐渐靠拢国际，会计改革在逐渐深入。而会计改革对优化、改善企业资金投资以及企业的发展有着积极的推动作用。但是，不可否认的是在金融企业的会计领域中还是存在一些问题，解析这些问题，可以推动会计改革，对于信托公司的发展有着积极的推动作用。随着我国积极推行国际会计准则的改革，在企业资金投资改善与优化中作用显著。但是在金融企业的会计发展中存在的问题也逐渐凸显，对这些问题进行研究，对于推动金融企业会计改革，规范信托行业发展有着积极的作用。

## 一、信托金融企业会计改革问题

### （一）信托金融企业发展进程

信托公司属于发展势头显著的新兴行业，信托公司通过委托人的身份，基于信用为基础，为人们提供理财服务。信托投资与银行信贷以及保险行业共同构成了现代金融行业。因为信托行业管理委托人的财产相对较为自由，其投资的范围也较为广泛，具有群体以及业务多样化的特征。而在这种环境中，也会受到各种复杂因素的影响，因此，规范信托行业，推动会计改革具有一定的实践价值与意义，可以完善金融市场，具有规范金融市场秩序的重要作用。我国信托行业发展相对较晚，在六次的清理整顿过程中，解决了基建规模过大的问题、信贷失控的问题、管理混乱等问题，而随着信托行业的逐渐成熟，宏观环境也在不断地完善，在各项政策手段的出台规范之下，信托行业逐渐成为现代金融体系中的重要内容。但是因为信托行业特点以及发展进程等因素的影响，必须要践行会计改革要求，强化内部控制，只有这样才可以实现持续、稳定发展。

## （二）金融企业会计领域常见问题分析

在整体上来说，我国金融企业会计领域还是存在一定的问题，其主要就是表现在表外业务、呆账准备金、金融衍生产品三个方面，具体如下：

### 1. 表外业务方面

金融企业的表外业务主要就是在我国会计准则实施之下开展的，在资产负债表中不计入，但是会存在损益变化的一些金融业务。表外业务的数量大就会增加风险问题。而在金融行业中，因为在资产负债表中无法直接地反映表外业务，这样就会导致表外业务透明度低、存在隐蔽性高的特征，在估测过程中较为困难，增加了金融风险问题。同时，会计核算缺乏规范性，会计信息披露不完整也会导致金融企业表外资产受损等问题的出现。

### 2. 呆账准备金方面

金融企业会计改革的主要内容就是金融企业存在的核销以及呆账提取等问题。对我国金融企业现状分析，了解实际经营状况，可以发现呆账准备金无法进行有效的计提，这也是现阶段我国金融企业存在的最为显著的金融风险问题。而我国金融企业的呆账准备金计提与国际会计准则中规定的合理比例之间的差异相对较大，这也就导致了贷款核销等问题的出现。

### 3. 金融衍生产品方面

金融衍生产品就是指在金融企业债券、股票等一些传统的金融工具之下，衍生出来的一种全新的金融工具与手段。金融企业的金融衍生产品会给投资者一种灵活的选择空间，而在资金博弈上则具有杠杆作用。但是如果在实践中缺乏对金融工具的了解，在操作中出现偏差性问题，也会造成金融风险问题，严重的甚至会影响金融企业的日常运转。金融企业衍生产品具有高风险、多样性以及复杂性的特征，在一些衍生产品的会计确认、会计计量以及会计信息披露等领域上缺乏规范性，衔接性也不够，这样就会影响金融企业的稳定运行。

## 二、探究金融企业会计改革进程

金融行业会计改革过程中，现阶段已经初具成效，金融企业会计制度与政策也在不断地完善，金融企业会计制度与国际会计标准也呈现趋同化发展，这样无疑有效地缓解了各种问题，降低了金融行业风险，规范了金融行业的会计工作，对于金融行业的持续发展来说有着积极的影响，其具体如下：

### （一）金融企业会计制度与政策

虽然我国的会计准则与国际会计准则在不断地融合，也推动了我国经济发展，达到了优化资金投资管理的作用。但是，要想真正地凸显会计准则的作用，就要根植于中国本土国情，在国际经济形势变化中制定出完善的、符合金融公司发展的，具有专业性的金融会计制度，这样才可以真正地解决问题，推动金融企业发展。

会计披露制度的主要目的就是实现金融企业经营信息的公开化、透明化，也是优化资产投资的重要标准。金融企业与一般的企业存在一定的差异，具有规模庞大、内容特殊以及投资风险较大的特征，是与群众利益关系密切的企业。投资者可以分析会计披露信息，了解企业财务状况以及经营状况，分析企业的发展态势，进而降低投资风险问题，获得一定经济效益。完善的会计披露制度可以在一定程度上解决我国上市公司存在的内控问题，是提升信托企业业务能力的有效方式，可以为公司的发展、战略决策提供参考与依据。

随着我国证监会颁布了关于金融公司信息披露的规定，明确了减少冗余信息披露的信息规定。而在整体上来说，在我国现有的法律规定中信息冗余、缺乏关键信息，还有一定的完善、提升空间。但是，也对一些对投资影响较大、风险较高项目的披露管理，对一些非经常性的损益、净资产收益率以及一些境内外准则的差异等相关内容也进行了规定，为投资者了解企业提供了有效的政策支持。现阶段，我国金融企业也存在着风险控制不足，管理有待完善的问题。信托公司存在的会计披露问题也逐渐凸显，如果不及时干预就会造成较为严重的损失。

## （二）金融企业会计制度与国际会计标准趋同化发展

在经济全球化发展过程中，会计标准国际化是主要的发展趋势，这样不仅仅会降低企业筹资成本，也会降低交易成本问题，是一种提升企业国内以及国际市场竞争能力的重要途径。金融企业会计制度的制定，要在国际标准的引导之下，综合国情状况，在实践中不断地完善，逐渐地靠拢国际会计标准。

我国的会计发展过程中，主要就是遵循制度要求，分别制定各个行业的会计准则，以国际会计准则以及金融行业特点为基础不断地补充，适应各个行业的发展趋势。在整体上来说，我国会计制度与国际会计标准呈现一个协调、借鉴以及对比的发展趋势。

一些信托公司也进行了股份制改造，吸收国外资金以及自然人的资金投入，这样有效地改善了我国金融企业存在的问题，规避了不良资产以及资金准备不足等问题。信托企业在审慎会计原则的基础之上，不断地提升会计信息质量，在国际跨境惯例的支持之下不断地完善。

在整体上来说，我国的会计制度与国际会计准则也存在一定的差异，在金融产品的计价、衍生性的金融工具、收支确认以及所得税会计处理等领域还是存在一些问题，这也是今后必须要完善的内容。

将公允价值作为计量属性，公允价值可以显示多种金融信息内容，可以展示金融资产以及负债信息内容，也可以防范金融危机问题。而在衍生金融工具中应用统一性的公允价值列式是较为关键的。而为了规范金融衍生工具，在应用公允价值计量的同时也要明细会计报告，通过"风险报酬法"等方式进行处理，可以合理规避各种风险问题。现阶段，我国多数金融企业均在会计制度准则方面与国际会计标准靠拢，实现了统一发展的目标。

# 三、金融企业会计改革的对策

在整体上来说，我国金融企业在会计改革中还是存在一定的问题与不足，而为了解决这些问题，就要分析存在的金融风险问题，以国际金融会计制度为指导，解决各种问题，对此，在实践中要完善表外业务，综合管理信贷资产和呆账准备金，加强对金融衍生产品的风险防范，其具体如下：

## （一）不断完善表外业务

对于表外业务，信托公司要重视采纳与应用国际银行监管的核心原则，要做好对相关表外业务的风险评估分析、信息披露以及会计核算等相关工作内容，在扩展金融企业表外业务的同时，也要提升会计核心的能力。要积极拓展各种业务品种，完善公司业务模式。

## （二）综合管理信贷资产和呆账准备金

针对金融企业的贷款资产以及对应的呆账准备金等问题，要遵循国际会计准则的制度，通过分类评级方式，基于贷款风险进行划分处理，综合行业状况、贷款用途等内容进行完善处理，构建系统的、科学的风险评估机制，进而为金融企业的发展运行奠定基础。

## （三）加强对金融衍生产品的风险防范

针对金融企业存在的风险隐患问题可以通过国际会计准则的要求以及风险报酬方式进行确认分析；在会计报告中披露金融衍生产品的信息披露，要对成本价值、产品属性以及公允价值等相关内容进行明确规定；而在金融衍生产品的计量中，则要将公允价值作为主要的内容，利用完善的对策，强化对金融企业风险的控制与管理。

我国金融企业在发展过程中逐渐地参与到了全球金融市场中，企业会计改革也是主要的趋势。在金融企业的会计改革过程中，要在制度上加强约束完善，解决金融企业存在的各种问题与不足。通过改革金融企业会计问题，完善标准内容，提升会计质量，加强对各种风险的防范与控制，这样才可以提升金融企业的市场适应能力，进而为企业的持续发展奠定基础。

# 第三节 科研单位会计改革

从经济属性来看，事业单位属于国家专属机构，是由国家担负单位运营资金，不进行经济核算的单位。科研单位不仅不从事生产经营活动，其收入不是依靠生产经营得到的，同时其也不需要向他人或国家分配盈余，不需要进行利润核算，所有单位财产所有权均归国家所有。财税体制改革的不断深化，使得该单位原有会计制度在信息规范标准、核算程序以及方法等方面出现了一定出入，实施会计改革已经成为必然之举。

## 一、科研单位会计管理现状

会计管理是单位运营的重要管理手段，在具体开展各项业务时，会计人员会通过预算计划以及资金管理等手段，确保每一笔资金使用合理性。与普通单位有所区别，科研单位是具有公益性质的，由国家设置的事业单位，是以保障国家科技发展，为社会进行服务为目标的单位组织。与普通企业财务管理目标有所不同，科研事业单位财务管理功利性相对较差，其是以保障单位资金合理分配与管理，确保科研项目可以顺利完成为目标，事务性特征较为突出。所以，高质量的会计管理可有效杜绝资金浪费以及徇私舞弊等状况，能够对国家财产形成有效保护，确保每笔资金价值可以得到最大化挖掘与利用，进而更好地为社会进行服务。

通过分析可以发现，事业单位管理体制是以计划经济体制为基础发展得到的，并不具有商业目的，市场经济对其影响相对较小，所以在市场经济体制得到不断优化的环境中，科研单位会计管理始终还是存在着一定问题。如实际情况与设计不符，导致科研项目无法得到充足资金保障；资源配置存在问题，各项财务管理工作出现状况，会计工作职能无法得到有效发挥等，都对科研单位正常业务开展造成了影响，会对我国科技发展形成一定阻碍，需要进行完善。具体会计工作问题，主要集中在以下几个方面。

## 二、科研单位会计工作问题

### （一）同构关联单位利益输送方面

由于科研事业单位属于社会服务性组织，是以为社会、为国家科研进行服务为目标的，服务性特征更加突出，应不同于营利性企业会计工作模式。但在实际进行会计管理时，却因为部分人员想要给领导留下好印象，经常进行同关联单位利益输送，预埋下了多种潜在会计风险。同时，因为主管部门对资源配置有绝对主导权，如果其没有严格遵守各项规章制度，出现违法乱纪行为，就会造成较为严重的后果。

## （二）管理制度执行方面

由于受到单位属性影响，科研单位会计管理会受到上级主管的直接影响，虽然经过不断改革，该项影响已经逐渐削弱，但如果主管单位意愿过强，还是会左右各项管理制度开展质量。同时，资金使用制度执行不到位以及相关结构没有对资金使用形成严格把控等，也会使资金使用出现各种问题，会使国家资产遭受损失。此外，因为事业单位资金拨款以财政拨款为主，资金无偿性特性较为突出，所以在对资金进行使用时，如果存在资金管理不到位的状况，就会使会计工作职能发挥受到严重限制，会对科研事业单位发展形成直接阻碍。

## （三）程序履行与程序遵守方面

因为部分科研单位没有对上级所制定相应政策进行充分理解，对会计管理认知存在误差，导致其无法正确对会计管理相关制度与政策进行使用，在管理程序履行以及管理程序遵守等方面都出现了一些问题。一方面，会计管理较为随意，没有严格按照各项规章制度进行管理，有时为了简化管理，甚至会出现随意对管理条例进行更改的状况；另一方面，管理制度执行力度较差，各种制度执行存在不到位、不规范等问题，整体会计管理工作需要不断进行优化。

## （四）国有资产管理方面

在国有资产管理方面，科研单位以及其他事业单位普遍存在着权责划分不明确以及资产现存管理存在问题等状况，国有资产使用率相对较低，国有固定资产作用发挥也受到了一定限制。同时，会计管理还存在着对收支总账过度关注，对明细账以及资产日常使用管理有所忽视的状况，导致部分资产出现流失状况，或存在资产在库存中没有得到有效利用的情况，这些都是科研单位以及国家财产的损失。

## 三、科研事业单位会计改革建议

### （一）更新会计管理理念，完善会计管理机制

通过对各项会计问题的分析可以发现，单位之所以会出现会计管理与预期目标不符的情况，与单位人员管理理念有直接关联。因此，科研单位应加强对管理人员管理理念的完善与强化，以为各项会计改革顺利推行奠定良好基础。一方面，要对管理层以及会计人员进行培训，使他们明确认识到会计工作开展重要性，确保其可以主动投入到会计管理工作研究之中，会计工作可以得到高度关注；另一方面，应定期对人员进行考核，帮助他们明确自身不足，并有针对性地开展会计技能以及理念学习，不断弥补自身缺陷。

在对人员会计管理理念进行强化的同时，同时还要对会计管理机制进行完善。在具体进行完善的过程中，首先，应提高资金整体使用率，增强经济核算能力，要按照科研单位性质特点，将资金链条、业务特点以及运营体系等因素考虑到其中，做好会计管理制度协调，从而和资金管理工作形成有效配合；其次，应保证会计管理制度和其他制度的兼容程度，应在对各种制度开展充分研究的基础上，有效规避各种制度潜在矛盾，确保制度落实质量可以达到最佳；再次，按照市场经济发展情况，借鉴企业会计管理优势，开展会计指标与财务核算方式调整，制定出更为适合的核算模式，积极推行多元化经费核算手段，确保科研部门以及其他部门经费使用可以得到妥善管理，以降低各种经费问题产生的可能性；最后，要以会计管理机制为着手点，对单位内部开展高效管控模式，确保每笔经费去向都能得到全面把控，会计监督职能可以充分发挥出来，以达到妥善解决同构关联单位利益输送以及管理制度执行不到位等问题的目标。

### （二）强化综合经营管理，提高科研成本管理水平

单位内部综合经营管理质量会对科研成本形成直接影响，如果管理水平较高，科研效率也会随之提升，整体科研成本费用能够得到有效管控，整体成本投入会出现显著下降的趋势，国家资产使用价值会得到切实提升。为达到最佳科研成本管理模式，科研单位需要做好以下几点：①增强成本意识培养。单位应通过组织座谈会以及组织培训等手段，帮助单位内部人员认识到成本管理的必要性与价值，不断提升人员成本管理意识，以在单位内部形成良好管理氛围，进而从源头起降低资产浪费的可能性；②科学制定科

研项目成本核算、管理方案，并要按照项目实际情况，对管理内容开展适当调整，要通过针对性管理手段，对科研活动开展质量进行保证；③增强成本基础管理，确保各项管理工作可以真正落实到各项科研活动之中，能够形成一套较为完整的成本管理体系，可对科研工作开展全方位、全过程管理，进而将成本管理基础工作落到实处，高质量完成各项成本管理任务；④在具体进行成本核算时，需要按照核算对象实际情况，开展针对性计算，应做好成本计算结果回报、责任成本核算以及变动成本计算等，以为管理部门决策制定提供可靠信息支持。

## （三）做好科研经费核算，满足科研工作客观要求

实施会计改革时，为保证各项会计工作开展质量，需要对单位科研经费开展全方面核算。在具体进行经费核算时，需要以预算为基础，按照单位具体情况，对核算模式与手段开展调整，进而达到单位经费核算工作各项客观要求，高质量完成会计工作任务。在对单位支出实施核算时，因为科研单位支出核算标准是由国家财政部门进行制定的，所以在实际进行核算时，需要在相应规范要求下，有序、规范开展各项核算活动。如在对人员外出经费以及科研单位会议经费等实施核算时，应在对核算重点进行明确的基础上，逐步开展各项核算操作，以对最终核算结果可信度、公信度进行保证。同时，人员需要以科研经费核算为基础，做好预算编制以及预算指导等操作，应通过科研人员、会计人员共同进行研究的方式，确定收支平衡正确预算编制手段，科学开展预算安排，以为后续决算工作高质量开展奠定扎实基础。

## （四）强化会计分析能力，保证定量、定性分析质量

会计信息分析也是现代会计管理的重要组成，会对后续各项工作开展形成直接影响，是会计部门需要关注的重点。在对会计分析能力提升过程中，一方面可通过定量、定性分析手段，对会计管理过程所存在的各项不确定因素开展预估，将预估结果提供给决策人员作为参考，如在对科研经费投入数额进行分析时，可将经费核算与使用管理等工作结合在一起，以对经费投入制定合理性进行保证，保证预算编制工作开展质量；另一方面在实际进行费用核算时，不仅要对必要项目实施审核，同时还要对现有各项政策开展研究与分析，明确政策中扣税优惠政策，通过对各项政策的合理运用，将科研单位各项工作与会计分析工作有机融合在一起，做好工作衔接，从而实现对各项资源的合理分配，

确保会计工作价值与作用可以充分体现出来。

### （五）改善国有资产管理现状，废除各项老旧体制

在新环境、新时代中，一些老旧国有资产管理机制已经不再适用，科研单位应借助内部改革浪潮，在进行会计改革时，与直属管理部门取得联系，对各项老旧体制进行废除，以通过对各种体制不断调整与完善的方式，制订出更为合理的国有资产管理方案，以达到最佳国有资产管理效果。

目前科研单位在经营机制方面已经发生一定改变，一方面是单位资金来源变得更加多元，经济成分不仅包括全民公有制，同时还包含个人经营以及集体经营；另一方面是单位运营方式更加灵活，联营、承包以及合资等经营模式开始兴起。在此环境中，会对国有资产完整性形成有效保护，需要做好单位经营机制调整，不仅要按照国家规定对国有资产开展评估，做好资产清产核资，同时还要在进行会计改革时，不断对国有资产管理、核算方式进行完善。单位应增强对无形资产的管理力度，做好著作权、专利权以及发明权保护，将其纳入会计管理项目之中，并制订出较为详细的管理方案，以对科研单位各项资产开展高质量管理。

综上所述，科研单位要明确认识到自身性质与使命，要以社会科技发展为宗旨，按照单位会计工作开展实际问题，制订出针对性较强的会计改革方案，确保可通过改善会计管理观念以及加强会计管理制度等手段，实现对各项会计管理问题的切实优化，确保国有资产可以得到有效保护与利用，各项科研项目可以得到充足资金保障，进而对我国科研事业发展形成有效带动。

# 第四节 "一带一路"下的会计改革

我国根据近年来世界经济的发展趋势以及国内经济发展的程度提出了"一带一路"倡议，"一带一路"分别是指丝绸之路经济带和 21 世纪海上丝绸之路。"一带一路"倡议的提出符合我国现阶段的国情，是未来相当长一段时间的跨越边境的合作开放格局，

是国际经济合作发展的新模式，充分体现了一个发展中大国的担当，对于我国现代化建设和世界战略地位的提高起到一定的促进作用，同时也符合沿线国家的合理关切，契合沿线国家的共同需求，为沿线国家实现优势互补、开放发展创造了新的机遇，蕴含着和平、交流、理解、包容、合作、共赢的精神。整个战略中，经济合作是至关重要的一环，而起到核算经济、监督经济作用的会计工作更是举足轻重。会计行业理应紧跟国家步伐，具备配合并促进"一带一路"倡议蓬勃向前的觉悟与眼界，为中国梦的早日实现贡献本行业的力量。

# 一、"一带一路"倡议对会计改革的影响

全球经济一体化发展是当今世界经济发展的主趋势，世界各国经济的增长离不开国家之间的经济交往，我国亦然。据 2022 年 2 月世界银行公布的最新 GDP 数字显示，我国 GDP 总量依然稳居世界第二。在经济发展的过程中，我国历来秉持开放合作、互利共赢的原则，欢迎各国搭乘中国发展的"顺风车"，在日益频繁的经济交往互动中共享繁荣成果。这就对支撑各国经济往来的会计工作提出了严格的要求。

众所周知，我国的会计体系在产生的这些年中，一直处在不断完善和演进的状态。1978 年后我国实行改革开放政策，引进并本土化了现代会计新的理论与方法；1981 年我国建立了注册会计师制度，1985 年颁布了《中华人民共和国会计法》，此后我国会计工作步入了法治阶段；此外还先后颁布了一些准则和规范，譬如《企业会计准则》《中国企业会计准则》等，并不断对其进行改革完善。可以说这些修订和完善的过程就是我国会计准则与国际会计准则接轨的过程。"一带一路"倡议的实施，使我国会计工作处于倒逼改革的情境，要求我国加快会计改革的速度，能够更快更好地融入国家会计发展的道路中去，迎接时代的挑战。而目前，我国会计工作还存在着一些问题，具体如下：

第一，我国的会计工作与国际标准和发达国家有一定差距。虽然我国的会计制度在一直不断改革和完善，近年来，整体水平有了很大的提升，但是与发达国家相比还存在着较大的差距。现如今，国家会计准则已经涵盖 41 项的内容，美国已经制定了 100 多项会计准则，英国也拥有 90 多项，但是我国始终未能与其相提并论，存在较大的差距。另外，从会计准则实施的效果层面来看，也存在较大的差距，我国经济主体所能够提供的财务报表不能完全达到国际化的要求，也缺乏一定的机制，对于一些复杂的会计事项，

例如，财务报表的合并、资产重组、坏账准备等，我国的会计准则中都没有明确的规定。综合来看，我国的会计与国家标准和发达国家存在较大的差距。这显然对我国对外开放经济、加强国际合作、在国际舞台上发挥更大的影响力是不利的。"一带一路"的时代背景无疑要求我们更快更好地融入国际交流中，做好与国际的接轨工作。

第二，会计准则的制定存在一定的滞后性。会计准则的制定是会计国际化体制建立过程中的核心问题，对会计工作的整体展开都有着十分重要的影响，具有先驱意义。纵观我国会计准则的制定情况，虽然起步较早，但是整体制定和完善的过程却较为滞后。比如说，在资本市场开放的时代背景下，许多上市公司急需解决的问题是合并会计报表的核算问题，但是，在当时，我国并没有指定完善的会计准则给予规范，进而导致一些企业出现了盲目编制合并会计报表的问题，这一问题的存在不仅在很大程度上损坏了投资者的利益，也增加了资本市场的不确定因素，对于资本市场的正常运行和企业的发展产生了极大的不利影响。所以，在我国会计实现国际化的进程中，亟须解决会计准则制定存在的滞后性。

第三，会计制度与会计准则存在不匹配的情况。会计制度和会计准则是我国会计发展过程中的两个重要组成部分。现如今，我国已经建立起了与我国实际情况相适应的会计规范体系，而且也是同时拥有会计制度和会计准则的国家，但存在着两者不匹配的问题，而且与国际规范的会计准则也相差很远。相应地，在如今越来越复杂的国家经济贸易中，我国也就越来越处于不利的地位。所以，在"一带一路"的倡议下，要想促进会计改革实现更好发展，就需要解决这一不匹配的问题。

## 二、"一带一路"倡议下做好会计改革工作的建议

由上述分析可知，"一带一路"下我国会计改革的方向就是与国际接轨，在这个改革的过程中，我们不可避免地遇到了一些困难和瓶颈。相应，在"一带一路"的背景下如何切实做好会计改革工作也就成了需要会计行业工作者重点关心的问题之一了。基于此，本节结合所掌握的理论知识和自身经验，提出了如下两点建议和意见：

### （一）提高会计人才的综合素质

从某种意义上来讲，会计人才素质的高低决定了会计改革的进程，所以，"一带一

路"在给会计改革提出新的要求的同时，也给会计人才提出了新的要求，这就需要会计人才不断提高自身的综合素质和专业能力。而如何提高会计人才的综合素质，需要从以下几个基本点着手：第一，改变传统的会计人才引进理念，会计人才要实现由量到质的改变，要适当提高会计人才的准入门槛，引进更多的专业知识丰富、专业技能高、综合素质高的会计人才，鼓励跨专业的会计人才进行大胆创新，加强人才的国际合作；第二，要加强对既有会计人才的培养力度，确保其能够从容应对"一带一路"倡议对其提出的更高要求，需要其能够熟练地掌握会计核算的日常流程，熟悉与会计相关学科的内容，譬如，审计、经济法、税法、公司战略等；此外，还要培养会计人才国际化发展的意识，不断提高会计人才的语言表达能力和外语能力，确保其能够符合时代的要求成为新时代的新人才；第三，要完善相关的制度规范，将其与会计工作人员的切身利益相结合，加强对其的监督力度，通过巧妙应用激励和惩罚制度提高其工作热情和工作积极性。

### （二）加强与周边国家关于会计核算交流学习的力度

"一带一路"倡议背景下，需要我们以更优秀的姿态走入国际市场，推进会计改革需要我们加强与周边各国会计核算经验和信息交流的力度。通过借鉴周边各国先进的会计核算经验，结合我国的国情和实际发展情况制定出具有国家特色的会计核算体系，以在一定程度上加快我国会计改革的步伐。同时，还要求我们以积极的态度投身到国际会计准则的制定与修改工作中去。"一带一路"的经济带中包含着很多与我国经济情况相类似的国家和地区，我们需要做的就是联合这些国家和地区的力量，积极开展交流、学习和沟通，积极响应国际会计理事会提出富有"一带一路"特色的建议。这样，不仅能够加快我国会计改革的步伐，同时也能够提高我国的国际影响力，赢得更多国家的支持与合作，自然可以更好地推动我国会计事业的发展进步。

总而言之，"一带一路"倡议的提出符合我国的国情和实际发展状况，其中所涉及的陆地以及海上沿线经济带国家和地区在今后的发展过程中并不是孤立存在的，而是一个相互交融的体系。我国会计改革也必将走向国际化的发展道路，而在这个过程中仅仅依靠我国一国的力量是无法完成的，各个领域以及跨区域协调的问题都是需要周边国家和地区共同商榷、参与和解决的。事实上，只有这样，才能助推我国会计事业的发展进步，才能在发展的过程中吸取更多国际化的先进经验和资源，才能在一定程度上推动我国"一带一路"倡议背景下经济结构的优化与升级，促进我国经济的发展和社会事业的进步。作为行业工作人员，我们需要认识到自身的艰巨使命，明确工作方向，积极响应国家号召，任重而道远。

# 第五节 信息化环境下会计改革

当今时代信息化技术的应用越来越广泛，各行各业都在慢慢走上信息化道路，实践信息化改革，企业的会计管理也同样在逐渐推广信息化。新型技术固然带来了许多便利，但与此同时，还有很多问题暴露出来。信息化环境下会计改革的当务之急就是进一步提升信息化技术在改革中的应用率，提高工作效率，使会计的改革更加合理，从而进一步促进企业发展，为公司带来更多的经济效益。

## 一、会计改革中出现的问题

### （一）传统从业人员的信息化素质不高

会计的信息化环境对从业者提出了一定的要求，想要从事新技术必然是要迈过一定门槛的，它对相关工作者的素质要求也比较高。但是就现有情况来看，在会计的改革活动中，很多员工并不能满足这一要求，工作能力相对来说还有很大提升空间。很多员工对信息化技术的认识也不足，观念还停留在传统的会计结构中，并不熟悉信息化相关的知识与操作，从而影响了新技术在会计工作中作用的发挥。

### （二）信息化增大了会计管理的风险性

信息化技术是建立在互联网技术的基础上的，信息化、数字化都是互联网巨大优势的体现，但这也就是说，一旦互联网安全受到威胁，应用信息化技术的部门与领域就相应地也会受到威胁，而会计所管理的数据与信息又都是对企业发展举足轻重的。目前对互联网安全造成威胁的主要是两个不稳定因素，那就是病毒与黑客，这也正是信息化环境自身的危险性所在。一旦病毒或者黑客突破互联网防火墙进入公司系统，企业自身的安全必然无法得到保障，综合来看有一定的风险。

### （三）系统的信息化会计管理体系还没有建立

尽管信息化建设已经进行了很长一段时间，但是一个系统的、相对来说比较完善的信息化环境还没有被建立起来。单位在进行会计管理的过程中，往往只在基础的方面进行了参考，而没有把信息化技术融入整个会计行业的建设体系，缺少整体的把握与规划，没有明确的工作方向，这样自然无法促进现代化的会计改革顺利进行。还有就是具体到单位的财务管理，信息化理论并没有得到较好的落实，相关的规定也并不完善，相对来说缺少硬性的、明确的要求，这些也都在不同程度上制约着信息化环境向更合理的方向发展。另外，企业内部对会计的监督力度往往还不够，监督方案也不够合理，与之相对应的就是信息化环境缺少有力的监督机制，约束和限制也不够。从整体来看，会计的改革并没有自上而下、由表及里地形成一个良好的生态系统。

## 二、解决会计改革中出现问题的策略

### （一）加强专业素质，培养专业人才

要想提升信息化水平，改善信息化环境，首先要做的就是提升从业者的素质，要以人为本、从每一位员工抓起，优秀的人才是会计行业进行信息化改革过程中最重要的因素。要加强对在职员工专业技能的培训，有条件的单位可以将相关工作人员组织起来，寻找公司外专业人士或者公司内技术娴熟、知识丰富的员工对其进行教导。要让会计们从思想上意识到信息化的重要性，也要让他们更多地享受信息化技术带来的便利。在新入职员工招聘上，也要多多招聘复合型人才。21世纪是一个充满挑战的时代，对人才的素质要求也比较高，个人在自身成长时也要注重全面性。

### （二）提高网络防御能力，重视网络安全

如果说人才的素质是信息化环境改革中的关键因素，那么维护好网络安全就是构建会计管理信息化环境的基础因素，如果不搞好网络安全工作，可能其他所有的努力与尝

试都会功亏一篑。换言之，企业要想更好地利用信息技术为自身带来更大的经济效益，就要从根本上维护好网络安全。既要提升会计相关工作人员的安全意识，提升他们在日常工作中的网络危险防范水平，让全体员工都意识到维护好网络信息安全的重要性；也要从技术上入手，组织专业的团队，加强网络防护，针对可能出现的不同问题事先提出不同的应急方案，以免危险事件突然发生时束手无策。

### （三）多方共同努力，建立完善的信息化管理系统

要想构建一个合理的、完善的单位会计信息化大环境，进一步为信息化改革助力，在人才支持与技术支持之外，还必须要做的就是多方共同努力，一起为整个体系的优化贡献力量。在国家方面，要尽早完善相关法律法规，给整个行业制定准则，提供标准，从大的角度把握好整体方向；就企业而言，要根据国家相关政策，结合自身的具体发展要求制定符合实际情况的内部规章政策，约束好整个部门。此外还要加强各个不同职能部门之间的合作，总体来说营造一个好的环境，离不开公司上下每一位员工的努力。

信息化技术的不断发展为企业的会计工作带来便利，但在信息化的推进与改革中还存在着包括人才、技术、体制等在内的不同方面的问题。要想营造一个真正良好的企业信息化环境，建造合理的信息化系统，就要对症下药，提升相关工作人员素质、更进一步维护好网络安全，也要从大的角度入手、有一个全局的观念，自上而下地完善相关规章制度，为信息化改革提供良好的土壤。

# 第六节 "互联网+"与会计的改革

在信息时代下，信息技术成了推动社会发展的重要驱动力，我国政府也正式提出了"互联网+"战略，各个行业都在积极探索全新的发展模式。会计信息一体化是行业的必然发展趋势，在"互联网+"下，会计行业的外部环境、核算方式、服务内容和工作职能均出现了较大变化，需要会计有效结合信息技术改革要求实现自身创新优化，以保持会计自身的长期健康发展。本节结合"互联网+"下市场经济发展的重要意义，分析

供给侧结构性改革和新旧动能转换带给会计的影响，并探究会计的改革及发展。

# 一、"互联网+"下会计改革中存在的几点问题

（1）理论研究不足。当前，互联网技术和电子商务的蓬勃发展，对传统会计理论带来了巨大的冲击，但是当前，我国会计行业并没有结合互联网技术和电子商务进行必要的理论体系研究和补充，导致理论建设严重滞后于经济社会的发展，对会计信息化发展形成制约和阻碍。

（2）人员素质不高。在"互联网+"背景下，会计工作的职能、作用以及内容均出现了较大转变，对从业人员的综合素质、各项能力和职业素养提出了更为严格的要求。但是当前，部分会计人员在专业能力和信息技术操作水平等方面难以满足岗位要求，人才素质不高、高素质人才数量不多是现阶段会计信息化发展中面临的关键问题。

（3）融合程度较低。会计信息化是互联网技术与会计的有效融合，但是当前，在"互联网+"会计的发展进程中，二者融合程度不高，难以发挥互联网技术的应用优势，其具体体现在以下几点：第一，企业在开展会计工作中，没有充分应用 ERP（企业资源计划）信息系统和互联网技术，导致工作效率低下，并且容易出现信息不准确，无法实现数据共享；第二，财务风险防控体系缺乏信息化平台建设，难以对财务数据实现事前预测、事中监控、事后评价的动态监控，不符合现代企业发展需求；第三，没有引入和应用大数据技术，对市场风险和财务风险的分析依然停留在初级阶段，导致获取信息滞后，难以为企业有效规避风险提供信息支撑。

# 二、"互联网+"下会计改革与发展对策分析

（1）更新理论框架。在信息时代下，信息化是会计行业发展的必然趋势和主要方向，以信息技术为支撑的会计工作与以往的工作模式和处理方式存在较大区别，为了促进会计行业的发展与改革，需要立足于"互联网+"的特点，对理论框架进行更新，结合实践经验不断补充和完善理论体系，加强知识讲解和介绍，促使从业人员加深对"互联网+"的认知和理解，掌握工作新模式和新技术，从而实现业财融合。

（2）提升人员素质。在"互联网+"模式下，会计工作的职能和内容均出现了较大

变化，对从业人员的素质与能力也提出新要求，而想要更好地迎合行业发展，提升会计工作的效率和质量，需要注重加强人才队伍建设。首先，企业要定期组织会计人员开展专业技术培训，培训内容要涉及理论知识、实践操作、信息素养以及会计法规等方面，通过培训提升会计人员的综合素质、业务能力和信息技术操作水平，促使其更好地胜任本职工作；其次，企业要积极从社会和高校中吸纳具有专业背景的人才，提升入职门槛要求，对人才的专业能力、职业素养和信息技术操作能力进行综合考察，不断充实以及完善人才队伍，为企业储备会计人才；最后，在会计人才队伍建设中，不仅要注重提升其工作能力，还要加强职业素养教育，将职业态度、职业素养纳入人员考核指标体系中，要求其按照既定的法律和规定开展各项管理行为，打造智慧财务、阳光财务品牌和平台。

（3）深入融合程度。"互联网+会计"不仅是简单地应用计算机进行会计管理以及核算等行为，需要企业不断引进和应用先进的大数据技术、智能化技术以及云计算技术，实现会计和互联网的深度融合，进而提升会计工作的效率和质量。首先，企业要加大会计信息化成本投入，结合具体工作需要购置相关设备，提升设备的利用效率，为"互联网+会计"提供硬件支撑；其次，积极应用大数据、云计算等技术，对财务数据加强利用和分析，及时发现企业运行中存在的财务风险，为企业制定风险规避措施提供数据参考；最后，构建会计管理一体化平台，做好安全防范工作，保证会计数据的安全性、完整性以及有效性。

（4）完善内控体系。在"互联网+"下，会计工作的职能和内容出现了较大变化，而想要充分发挥会计信息化的作用和价值，企业需要完善内控体系。首先，将内控体系以及会计工作充分结合，可以对企业在生产运行中产生的数据进行有效汇总和分析，提升数据处理的高效性和准确度；其次，企业要构建完善的数据分析和风险评估信息化平台，对会计工作进行动态持续的评价，并且将相关数据和指标有效整合，利用各种技术和手段对潜存的财务风险进行识别和控制；最后，企业要发挥内控体系在会计核算和会计监督中的辅助作用，加速会计体系和内控体系的不断融合，提高资金效率和效益。

总而言之，"互联网+会计"是会计行业发展的必然趋势，企业在适应供给侧结构性改革和新旧动能转换的重要时期，需要加快会计信息化的发展，并且积极引入大数据、云计算等先进技术，提升企业自身的社会效益和经济效益。

# 第七节 林业会计改革分析

我国社会正在迅速地发展，但是当前我国大部分林业会计工作的基础制度规定仍是《国有林场与苗圃会计制度》，此制度是在 20 世纪基于"两则"相关内容所制定出的新型制度内容，其中存留一些社会主义计划经济的内容，其中很多内容都与当前我国社会主义市场经济的内容并不协调。本节将针对林业会计改革的相关内容进行全面的分析。

## 一、林业会计工作存在的问题

### （一）现行的林业会计制度较为落后

当前我国已经将"两则"的内容进行废除，但是《国有林场与苗圃会计制度》中依旧存留了"两则"的影子。《国有林场与苗圃会计制度》是我国在 1994 年为了适应我国经济发展而制定的相关会计内容，在我国多年的经济发展的过程中，我国林业工作也发生着巨大的变革，这也造成了实际林业工作与林业会计工作开展中产生的矛盾。但是当前我国现行的林业会计制度相对落后，很难切实地满足我国当前林业工作的实际需求，对林业会计核算等工作内容带来了诸多的不便。

### （二）现行林业制度执行过程中存在诸多矛盾

客观来说，我国当前林业行业所执行的林业会计制度并未完善的同时，其中存在很多权力并存的现象，这样便会造成权力的交叉使用，很难真正地保障林业市场的平等性。我国现有的林业制度便是《国有林场与苗圃会计制度》，但是相关林业企业所执行的会计制度是《企业会计制度》。随着我国林业行业的发展和进步，我国也积极地针对会计制度不断地修缮和更新。当前我国林业管理部门所执行的会计制度则是《事业单位会计准则》，林业建设单位所执行的林业会计制度则是《林业重点生态工程建设资金会计核算办法》。在实际开展林业会计工作的过程中，往往会涉及林业企业、林业部门等多个林业部门和组织的联合工作，这便导致了林业会计实际报表汇总的不统一性。虽然我国当前在林业行业发展与进步的当下，积极地补充与完善了多种林业会计制度，但是相对混乱复杂的林业会计制度也造成了权力的交叉与混淆，造成了林业会计制度执行环节出现矛盾。

## 二、林业会计改革的主要观念

### （一）企业论

由于我国当前所践行的《国有林场与苗圃会计制度》中存在很多与当前林场工作不适应的工作内容，所以在当前林场工作的重点便是积极地针对原有的《国有林场与苗圃会计制度》进行积极的改革和发展。企业论观念作为国有林业会计改革工作最为推崇的观念，在林业会计改革工作中具有重要的意义。所谓企业论便是将林业单位、林业企业、国有苗圃等从事林业活动的内容，全部依照我企业会计准则为基础。企业论所提出的基础便是无论是国有林场还是林业企业，只要是企业开展的林业活动，就应该按照企业会计准则制度开展相应的林业会计改革。

### （二）事业论

纵观我国当前林业行业来说，很多国有林场所从事的林业活动都是公益性、服务性的工作，其主要的工作目的便是结合我国可持续发展的政策，更好地为子子孙孙造福。在林业发展战略重点不断转移的当下，林业行业也正在从多种经营、综合利用、以短养长等工作转移到了营林为本、生态优先、合理利用、可持续发展的工作重点当中。当前很多林场作为公益性事业单位来说，切实地从传统的采伐森林资源、以经济效益为主的工作转移到了管护为主、发挥生态效益的重点上来。在此种公益形式、服务形式的工作发展目标之下，新的《事业单位会计准则》的颁布和实施，使得林业会计改革掀起了一阵事业论浪潮。事业论浪潮便是将《事业单位会计准则》作为林业会计改革的准则，保障林业会计改革的科学性和长久性。

### （三）分类论

分类论是一种较为科学、较为高层次的管理手段，其中的思想和管理手段是在企业论和事业论思想上的提升。在短期之内，我国林业行业多种经营模式现状是无法转变的，所以必须积极地针对具体林业发展问题，进行具体的分析和解决。若我国单位管理体制中所涉及的资源较为丰富、经济管理水平较高，单位管理体制所发展到一定产值时，可以调整企业会计制度。若我国林场出现资源较为贫乏、环境问题严重的现象，那么便可以深入地践行水土保持、涵养水源、创建林业风景区等工作，杜绝乱砍滥伐的现象，在政府的扶植和引导下，按照事业论的观念，积极地借鉴《事业单位会计准则》的内容。分类论的主要内容便是分类经营管理，既能够确保林业资源所带来的实际经济效益，又能够切实地践行我国可持续发展的要求。

## 三、林业会计改革途径

### （一）统一林业会计制度

想要开展标准化的林业会计核算与管理工作，就必须要结合林业会计的实际情况，制定出适应我国林业事业发展的林业会计制度。明确研究出林业工作的公益性和经济性，来合理地确定林业会计制度。积极地将分类论的相关理念融入林业会计制度统一的工作中，并结合《企业会计制度》和《事业单位会计准则》的相关内容，开展有重点、分阶段的林业会计工作制度管理改革。在林业生产与经营中，最重要的会计核算内容便是将林业林木资源成本与净损失进行计算，与林业企业的性质相同，更加注重经济得失。与此同时，还要重视我国财政对造林、护林工作的支持，这也展示了林业会计工作的公益性和服务性。所以，在不同情况下，必须要结合分类论的实际要求，将《事业单位会计准则》和《企业会计制度》的相关制度内容进行紧密的结合，切实地制定出统一、完善的林业会计制度，为我国日后林业行业打下良好的经营发展基础。

### （二）完善林业会计的核算内容

在我国当前林业生产工作不断发展与进步的当下，林业核算的项目与内容发生了转变。由于当前林业企业所承担的服务责任和社会责任相对较大，所以林业企业在开展林业工作的过程中，除了兼顾自身的经济效益，更要将生态环境、可持续发展的内容融入林业会计当中。想要在新时代开展高效的林业会计工作，就必须要明确新时代林业会计的核算内容。明确地针对环境保护资料、自然资本、人造资本、环境赔偿责任、生态资料、环境绩效指标、环境负债、健康与人力资源资本等各个内容确定林业会计工作的内容。在此基础上，添加森林资源资产核算、环境成本核算、环境收益核算、环境利润核算等多种核算内容，确保林业会计工作核算内容的完善性和标准性。

### （三）健全林业会计信息披露内容

我国当前林业会计工作内容一般仅仅对林业的经济效益和经济亏损等内容进行核算，很难切实在核算工作中体现环境问题和经济问题之间的必然关联性，造成了核算工作缺乏科学性。林会计所披露的内容一般更加注重财务信息、侧重实现经济目的，是一种相对微观、直接的信息披露手段，很难切实地满足我国当前日益增长的环境信息要求。林业活动的根本目的便是通过林业会计核算的手段，得出当前林业经营单位的经济活动状况和未来发展状况，所以在林业会计信息披露的过程中，不仅要针对林业工作的实际经济因素进行披露，还需要将宏观发展利益、整体社会效益等内容，融入信息披露的工作当中，及时地反映出林业经济与环境以及我国可持续发展工作之间的关系，展现林业会计工作的科学性。

总而言之，林业会计工作必须要结合时代的发展状况进行逐步转变和进步。我国当前所沿用的林业会计制度已经很难满足当前林业工作发展的实际需求，想要确保林业会计制度的先进性和科学性，就必须要明确不同林业会计制度的区别，在统一林业会计制度的同时健全林业会计信息披露内容、完善林业会计的核算内容，确保林业会计工作改革的实际效率。

# 第八节 事业单位会计改革

随着市场经济的发展，传统意义上以收付实现制为基本标准的会计制度的弊端彰显无遗。信息失真、滞后等新问题的出现迫使事业单位不得不重新审视其会计核算及处理方式。本节以事业单位会计为研讨对象，以其发展历程为支点，立足于探寻事业单位会计所存在的基本问题，提出相应的解决方式，以谋求自身的发展与进步。

# 一、概述

## （一）改革历程

事业单位会计制度自 1998 年 1 月 1 日正式施行以来，为适应时代发展及拓展实践的需要，历经多次改革。如 2012 年 12 月 5 日财政部制定实施了《事业单位会计准则》，新准则中明确了会计主体，规定了事业单位会计核算的一般原则，撤销了原来会计体制与财务管理规程交织的内容，突出规定事业单位的会计核计行为，财务管理上的具体细节则由财政部颁发的《事业单位财务规则》加以设定。更重要的是，把原来的资产来源、资金运用和资金结存三大要素变成资产、负债、收入、支出、净资产五大因素，更具科学性和完备性。国家财政在 2012 年 12 月 19 日修订发布了新版的《事业单位会计制度》，规定新制度于 2013 年 1 月 1 日开始全面执行。

自 2017 年 1 月 1 日正式施行的《政府会计准则——基本准则》，对事业单位的会计工作产生了深刻影响，颠覆了传统的预算会计原则，促使事业单位会计工作者不得不转变工作方式与工作态度，从原本注重核算型向深耕管理型转变，从原本埋首只为梳理账本向探究管理问题转变。在具体实行过程中，重点参考了企业会计制度的方式方法，引进绩效评价这一关键的要素，增强了竞争意识。

## （二）必要性

首先，事业单位在本国的特殊地位决定我们必须重视、维护机构内的各项工作事务。事业单位不以营利为目的，更多是扮演着一种政府辅助者的角色，在很多政府想管又无力去管、想做又难以施行的领域发挥了举足轻重的作用。其次，为使我国社会主义市场体制尽善尽美，会计制度的改革也是关键一环。最后，在经济全球化趋势下，国内外企事业单位的联系越来越密切，若是遭遇经济危机，谁也无法独善其身。因此，对事业单位会计进行改革刻不容缓。

## 二、事业单位会计目前的弊端

我国的事业单位会计制度运行至今，虽然已经进行了多次多项改革，但相较于金融市场的迅猛发展与社会转型的逐步深入，仍然不可避免地呈现出滞后性，产生了大量亟须解决的新问题。

### （一）会计科目不匹配

与企业相比，事业单位不以营利为目的。同时，相较于行政部门，它不进行社会性事务的管理。因此，传统意义上设置的会计科目无法体现资金何去何从，无法实现对其有效监督。举例来说，传统事业单位会计制度中，一级收入类科目里的"财政补助收入"无对应的支出类科目，因此，难以明确其资金流向。与此同时，传统事业单位会计制度的科目层级设置也非常混乱，甚至存在一级科目对应二级科目的状况。如一级科目中的"财政补助收入""财政补助结转"和"财政补助结余"，对应的"财政补助支出"却是二级科目。如此不匹配的会计科目设置，造成了事业单位资金状况的不清晰、不具体。

### （二）收付实现制的弊端

传统的收付实现制以现实收到账款为依据，由此进行事业单位的经营状态分析。从时间上来说，确实利于记录，减轻了会计工作人员的负担，但从空间上来说，却容易造成同种标的收益和成本性支出不在同一个会计期间内。如一个以现款形式交易的项目，若在本会计期间内未收到预期收益，便会计入下一账期甚至更后。这种操作方式使得本账期内费用增多，而没有对应的收入。同样，也使得下一账期收入性科目总额增高。由此编制的会计报告自然会影响管理决策者的判断，甚至做出错误的抉择。

不置可否，权责发生制实行以来，确实较为准确地体现了本机构的实际经营状况，但这又并非放之四海而皆准。中国国情下，权责发生制有时难免力不从心。

在这种核算条件下，会计信息的可比性明显削弱。金融市场不断发展，事业单位投资主体也渐渐呈现出多元化的趋势。私人部门的参与，表明了信息的公开性与准确度将受到更多的瞩目。而传统收付实现制下所供给的事业单位的会计信息与其他市场经济主体之间的信息存在出入，缺乏可比性。

另外，对于事业单位自身而言，收付实现制也造成了其内部资产与负债信息的失真。如对于跨期的资本性支出来说，其收益与成本核算不在同一会计期间，从而造成无法全面、明确地反映该事业单位的资产负债情况。

### （三）现金流量表的缺乏

作为财务报表三个基本报告中的其中一员，现金流量表反映的是固定时期内事业单位现金（包括银行存款）的增减变动情况。作为一种分析工具，其主要作用是决定单位的短期生存能力，检验公司经营是否健康。

目前来说，事业单位编制资产负债表和收入支出表等。所谓资产负债表，反映的是某事业单位在某一具体时点上的财务情况，而收入支出表则体现某事业单位在一会计期间内的资金流入及流出情况。但事实上，这两者均不能验证某事业单位是否有足够强的现金支付能力。因此，现金流量表不可能被替代，因此，事业单位亟须将现金流量表的编制工作提到日程上来，以使其规范化、模式化。

## 三、事业单位会计改革的相关建议

显而易见，唯有克服传统会计制度的滞后性和封闭性，才能适应时代、推动事业单位的改革与拓展。针对以上问题，这里试图提出以下解决措施。

### （一）加紧对会计科目的修订

针对某财政补助收入缺乏明晰的支出项目这一问题，建议可将相关会计科目加上前缀，如财政补助工资支出，以使各项目收入、支出一一匹配，便于管理与识别。另一种做法是，将位于二级会计科目中的财政补助支出调整到一级科目中与其收入项目对应，拓展会计科目内容。

### （二）逐步引入权责发生制

这种方法在 2013 年开始执行的新版《事业单位会计制度》、2017 年正式施行的《政府会计准则——基本准则》上都有所提及与倡导，具体实施方法即通过借鉴国内外企业会计准则的相关经验，确立"双系统、双基础"的工作原则。

准则明确了事业单位会计由两个系统组成，它们分别为预算会计和会计，其中，预算会计以收付实现制为依据，而会计以权责发生制为依据，通过采用这种措施，可从整体上增强事业单位会计信息的真实性、详尽性和可比性。

准则并进一步强化了事业单位的会计机能，明确提出在编制事业单位会计报告时，要体现会计主体的运转成本、现金流量以及资产质量等会计信息，由此实现了事业单位会计主体中的会计和预算会计被置于相同的地位。而以权责发生制为依据的会计体现的单位中的各项金融事务将更精确、更充实、更周全。这将造成事业单位的会计信息与同业之间甚至与企业之间均实现了一定的可比性，有助于我们分析和预测单位的竞争能力、市场潜力，展望其未来的发展前景。

## （三）完善报表系统，补充现金流量表

现金流量表是体现企事业单位财政状况健康与否的晴雨表。随着市场经济的深化发展，事业单位会计与一般企业会计之间的隔阂越来越小，因此，为适应时代变化，事业单位也需向企业学习，修订其会计核算与管理制度，编制与一般企业相同性质的三大报表。这里建议以企业的资产负债表为依据，去除表中的收入、支出内容，秉承"资产=负债+净资产"的编制依据。现金流量表的填充、报表系统的完善大大有利于事业单位的管理者与决策者掌握和预测其所在事业单位的现金流量情况，尽量规避长期投资中的资金链断裂问题，谋求事业单位的良好运营与长久发展。

综上所述，我国的事业单位会计制度机遇与挑战并存。改革是一项长久且复杂的工作，随着市场经济的不断发展和社会转型的不断深入，事业单位会计仍然会不可避免地迎来各种各样的新问题。因此，积极借鉴国内外企事业单位的成功经验显得尤为重要。事业单位的会计人员也应积极提高其专业水平、政策理解和把控能力，如此才能够确保充分发挥会计服务管理的职能。

# 第二章 会计改革的创新研究

## 第一节 大数据时代会计的发展

　　数字经济时代的来临，对企业会计发展提出了新的要求，本节针对大数据时代会计环境的变化，对会计发展的影响及挑战进行了阐述，并对应对会计发展提出了建议。

　　数字经济时代已经来临，数字经济将人类从工业时代带入了信息时代，引领了财务和会计的变革。对于企业来说，既是机遇也是挑战。2017年，数字经济首次写入我国政府工作报告。报告中指出，要推动"互联网+"深入发展，促进数字经济加快成长，让企业广泛受益，让群众普遍受惠。

### 一、云会计环境

　　云计算作为继互联网之后一项最值得全球期待的技术革命，它的低成本解决海量信息处理的魅力已经逐渐被各行业所接受，正在积极影响着各领域。会计领域也不例外。云会计环境和传统的信息化环境不同，企业在云会计环境下不再需要花费巨大的人、财、物购买软件和服务器，只要根据自己的需要向云会计供应商订购自己需要的服务就可以在线使用。在云会计环境下，企业的经济活动处理都在云端集成，企业可以根据自己的需要通过互联网获取云会计的服务。并且当会计准则发生变化时，企业可以及时地采用新的会计处理方法，与会计准则保持一致。在云会计环境下，企业可以根据自己企业的业务特点，制定适合自己的会计信息系统，通过云端，对于异地办公的会计人员可以随时随地处理账务，企业相关管理人员也可以实时查看企业的财务数据，监控财务状况和经营成果，并且对降低成本，提高效率，解决财务共享难度大等问题起到了积极的作用。

## 二、大数据时代对财会人员提出了新的要求

会计电算化的兴起，使得会计人员从手工做账过渡到了在计算机上进行会计处理，但是在会计电算化中毕竟实施的是人，所以会计信息质量不可避免地会受到会计人员水平的影响。以往的会计舞弊案的发生，使得人们对会计信息的可信性提出了怀疑，会计职业道德的缺失是起因，这也引起学术界的普遍关注。

大数据时代，云会计环境下，会计信息的搜集、处理及会计工作流程都发生了变化，这对会计人员的职业道德等提出了新的规范和要求。在云会计环境下，会计人员将时空分离地从事会计工作，这对会计人员的职业操守提出了更高的要求。要求会计人员要具备更高的职业责任，更严的职业纪律，加强协同服务，提高保密意识。这对会计人员提供的会计信息质量有着直接的影响。大数据时代，要求会计人员要积极适应转型升级。首先，观念的改变是第一要务，工作方式的改变是重点。数字经济时代的新型财务人员不仅要懂业务、敢创新，还需要具有多样化的数字技能和业务技能。

## 三、大数据时代对会计数据的影响

随着大数据时代的到来，决策不再是凭经验和直觉，而是基于数据的分析和优化。如何将企业的经济业务数据与会计、财务及资本市场数据结合起来，提高会计信息质量，建立经营业绩和公司财务绩效的相关性和因果关系对企业的经营决策具有重大的意义。

会计数据是对会计事项的各种未曾加工的数字、字母与特殊符号的集合。在我国，各个行业实施的会计准则一般不同，企业业务类型的多元化不可避免产生多样化的会计数据。企业往往会因为所处生命周期阶段的不同而采取不同的企业行为，尤其是创新和融资行为，这些行为的差异往往会产生差异化的会计数据。会计信息质量的优劣很大程度上依赖于 AIS 处理的原始会计数据的质量特征。企业的购销存等一系列经济活动都会产生大量的数据，各个企业在不同时期，或在母子公司之间的不同业务中，都会根据自身的业务流程调整自己的实施战略，这样传统的数据处理就无法满足及时性要求，在大数据时代，经济活动的处理方式集中在云端，企业可以随时根据自己的需要灵活地选择

相应的服务。

## 四、大数据时代面临的挑战

相关法律、法规的滞后。大数据时代，让企业利用共享会计还需要一个适应过程，企业已经习惯聘用固定会计人员模式，而共享会计是基于互联网的一种新型模式，还没有相应的法律、法规，所以共享会计将面临一段时间没有法律、法规约束的情况。

大数据来源的挑战。大数据时代，互联网上的任何一种资源都可能成为其来源方式，而大数据时代信息处理是通过特定的程序加工出来的，结论可能更客观，但是这也过分依赖数据的可靠性，如果数据提供者弄虚作假，带来的负面影响是不可估量的。

客户认可度的挑战。对于大数据，很多的企业及会计人员不积极接受，排斥，不知云计算为何物，不知互联网能给企业带来什么经济利益，大数据的推广受到阻碍。对于云会计的使用推广，改变现有的传统观念，以及现有的会计信息系统，是一个很艰难的过程。

网络传输的挑战。对于云会计，是基于互联网的数据传输，这对网络传输环境提出了挑战。网络满负荷、网络延迟等都是因为大量的数据传输造成的，超负荷的数据传输成为会计信息化的一个瓶颈。

会计信息安全难保障。大数据时代，会计工作依赖于互联网，通过互联网收集数据和信息，然后经过一定的流程进行处理。首先，大量的会计数据，对保存载体就提出了挑战。其次，会计信息系统与网络充分衔接，利用数据之间的关系，生成准确的、完整的会计信息。这些对企业软件、硬件及数据平台都提出了更高的要求。大数据依托于网络，既带来了便利，也面临着会计信息容易泄漏、信息安全难以得到保障的问题。

内部控制制度缺乏。作为新兴出现的事物，原来的传统的会计模式和大数据时代下的会计肯定有很大区别，内部控制制度也不同。原来的会计机构、会计岗位职责、会计工作流程等都形成桎梏，需要进行变革，但是针对新的"互联网+"下的内部控制制度还未成形，无法进行内部控制。

## 五、大数据时代下会计发展的建议

加快会计信息化资源共享平台的自主建设。在各个领域的技术更新以及技术研发过程中，资源共享平台的建立都是其中的一个关键环节，同时也是规范化发展的重要举措。资源共享平台的建立可以迅速实现信息资源之间的交流和沟通、资源的优势互补、问题的共同研究解决，充分实现集体智慧的作用发挥，最终达到更加专业化、稳定化的应用。会计信息化发展过程中，资源共享平台的建立提高了会计信息化发展速度，同时是会计信息化过程中数据处理速度提高和资源搜索困难降低的有效办法。所以，需要国家和政府投入资金和相应的政策支持，鼓励会计信息化发展企业的共享平台建立。同时，资源共享平台也是企业资金流通、企业之间信息交流以及企业之间物流协作效率提高的重要手段。通过会计信息化资源共享平台的自主建设，进一步确保企业的信息建设一体化程度提高，从而提升企业的会计领域决策信息可靠度。

企业转变传统观念。首先，企业管理者的观念和认识需要改变，有了明确的行动方向，才能更好地规划会计发展领域和实践的发展。而我国日前很多的会计从业人员对大数据下的会计理念认识不到位，认为仅就是会计信息化等同于会计计算效率的提高，没有从理论发展的高度对云会计进行正确的认识。并且，很多中小企业的经营管理人员，思想老旧保守，对信息化建设和技术的引用不够重视，资金投入不足，不能从企业长远发展的角度进行目标的制定。

提高会计工作人员的综合素质。大数据时代，对会计人员的专业技术、信息技术和电子技术都有了更高的要求，只有提高会计人员的综合素质才是会计信息化建设的关键。未来，要提高会计信息化进程，对会计人员的培养至关重要。

## 第二节 管理会计的发展

本节首先简述了管理会计的含义和特点，然后对管理会计发展的背景进行了说明，再次，阐述了发展管理会计的重要性，最后对于管理会计未来的发展提出了几点建议。

## 一、管理会计的含义及特点

管理会计，是以企业现在和未来的资金运动为对象，以提高经济效益为目的，为企业内部管理者提供经营管理决策为目标而进行的经济管理活动。它从传统会计中孕育，发展起来，从会计中获取基本信息。相对于会计而言，管理会计属于经营管理性会计，它是对未来的预测，决策，规划，对现在的控制，考核，评价，正是因为这一点，管理会计不受固定会计期间的限制，不受会计准则、会计制度的约束，其灵活性较大。除此之外，管理会计所提供的信息只需相对精确，不必力求精确，更注重信息的及时性，而非准确性。在计量尺度方面，管理会计虽然大多数采用货币计量，但是有时也采用非货币计量。总之，管理会计是会计学的一个分支，是与会计并列的核算部门。

## 二、管理会计发展的背景

"互联网+"时代。随着现代社会的发展，互联网技术已经应用到了社会的各个行业领域，互联网与传统行业的联合，即为"互联网+"。随着"互联网+"的不断发展，企业需要利用新技术来促进自身的转型，以此来提高管理工作效率。因此，企业传统的会计面临着巨大的挑战。与此同时，伴随着现代社会经济的发展，大数据出现。它是指以多元形式，从许多渠道搜集而来的庞大数据组。并且，其依托云计算进行分布式处理、存储。它所进行的数据处理往往具有实时性，要求在较短时间内分析出来结果。并且，这一技术承载着海量的数据，其数据量从多个方位产生。除此之外，这一技术能够从海量数据中很快获得高价值的商业类信息。因此，要想将大数据技术更有效地应用于会计管理领域，就需要会计管理人员借助云计算进行相应的数据收集、加工、分析和挖掘，并能有效地使用这些数据信息，这样才能更好地为企业创造更多的商业价值和发展机会。

"一带一路"倡议。当前，随着"一带一路"倡议的不断推进，我国加强与周边各国和地区的沟通、交流，国内企业也加大了向周边各国的资金、技术和人才方面的输出。因此，国内企业进行内部管理的整顿，进行自身经营策略的调整，进行风险管理的优化等就显得越来越重要，而这些都与管理会计紧密相关。所以，在竞争日益激烈的背景下，企业便越来越关注对自身的决策行为模式的改变，越来越加强对管理会计的重视。

目前我国管理会计存在的问题。首先，我国的理论界对管理会计重视不足，在实践方面，也没有有效地推动市场对管理会计的认可和关注。其次，我国的高端会计人员缺乏，管理会计人员的专业知识层次较低，知识结构不合理，专业院校的会计专业主要侧重于会计领域，管理会计课程体系不完善。除此之外，管理会计地位较低，企业管理者对管理会计的职能不够重视，没有认识到管理会计和会计的区别，认为对企业的管理，只是管理层的事情。

## 三、管理会计发展的重要性

有利于企业科学预测。企业的管理会计具有科学预测的能力。管理会计进行预测时，就是依据企业过去的生产经营活动，按照企业未来的总目标和经营方针，利用科学的预测方法，充分考虑经济规律的作用，有目的地对企业未来的销售、利润、成本以及资金的变动趋势和水平进行预测。因此，发展管理会计可以为管理层制订计划和决策提供信息，有利于企业构建完善的预测决策体系，从而来确保企业管理决策的可靠性与正确性。

有利于企业优化管理。管理会计协助管理层指导和控制生产经营活动过程中各个部门的任务和职责，调整各个员工的工作。在财务数据的基础上，对投资的成本总额进行细分，把每一项任务落实到各个部门、各个员工，使得工作既有分工负责，又有协调配合，从而形成完善的工作体系。以此来最大限度地减少生产和管理过程中所占用的资源，降低管理成本，提高管理效能。

有利于企业业绩评价。管理会计实行业绩考核主要是为了确保预定目标的实现，当发生的经营结果与预算目标不一致时，责任部门应解释原因，总结经验；当预定目标实现时，应计算员工在实现目标过程中的绩效，并通过一些方式鼓励员工，提高员工的积极性，从而使生产经营活动达到最优化。因此，管理会计确定的严格的考核措施，有利于正确考评企业内部有关部门的工作业绩，有利于激励管理层和员工为完成公司目标而努力工作，从而达到企业价值的最大化。

## 四、管理会计发展的对策

提高管理会计的重视程度。首先，国家要推动经济转型升级，推动企业加强管理，整合科研院校、单位等优势资源，支持管理会计理论研究和成果的转化，大力培养管理会计人才。其次，要加大科研投入，鼓励会计研究者们对管理会计的研究。除此之外，企业要加强对管理会计人员专业素质的培养。同时，还要加强组织管理会计人员定期培训，提高其实践技能。

建立适合的管理会计理论体系。对于中国而言，不论是文化环境、经济背景、政治制度还是法律保障等方面都与西方有着明显的不同，所以管理会计理论和规范与西方肯定有差异。因此，在将管理会计引入中国这一过程中，要先考虑中国国情，不应完全按照西方国家的方式运用到我国的企业中。同时，在实践中不断检验该理论，形成一个适合于企业管理的管理会计体系。并且，要与会计准则协调一致，保证管理会计在企业有效地实施。

调整管理会计的内容。随着全球化的发展，企业面临的竞争压力越来越大，我国应该加紧对管理会计理论及其应用的研究，将成本管理重心由制造成本转移到战略总成本上来。要进一步完善管理会计理论，保证理论的权威性与实用性，让理论体系随着中国国情的变化而变化，以此达到降低成本的目的。

总之，管理会计是时代的产物。随着社会经济的发展，它的作用越来越突出，但是我国的管理会计体系并不成熟，因此，加快管理会计体系的建设至关重要。

## 第三节 我国环境会计发展研究

环境会计是生态补偿机制建设的重要组成部分，为生态补偿标准和补偿资金的合理确定提供了理论支持，在生态补偿背景下，重构环境会计核算体系，改革和完善以生态补偿为主要核算内容的环境会计制度建设，是环境会计核算的重要内容，可以更好地促进我国环境会计向前发展。

自从中共十八届三中全会提出实行生态补偿制度以来，生态补偿的理论研究和实践得到了长足的发展，对我国生态环境保护和生态补偿制度化建设产生了积极而深远的影响，同时也为我们研究环境会计提供了一个新的视角和机会。

环境会计作为生态补偿机制建设的重要组成部分，在生态补偿实践的背景下被赋予新的职能和使命。如何推动环境会计进一步发展，充分发挥其在经济社会发展中的作用，以提升社会经济发展质量，将成为政府相关决策部门和理论工作者的重要议题。本节从生态补偿的视角，尝试重构我国环境会计核算体系，进而完善以生态补偿为主要核算内容的环境会计制度建设，不仅可以促进环境会计的向前发展，而且可以为我国经济社会的可持续发展提供理论支撑。

# 一、我国环境会计发展现状及存在的问题

## （一）理论研究方面

近年来，生态环境治理作为国家治理体系现代化的重要组成部分，受到政府部门的高度重视，环境会计也随之兴起和不断发展，对环境会计的研究，受到了学术界和政府的高度关注，国内学者围绕环境会计展开了大量的研究工作。通过查阅和分析文献可以发现，环境会计的研究主要集中在以下几个方面：一是环境会计核算；二是环境会计信息披露；三是排放权交易会计；四是环境成本管理等。虽然国内对环境会计研究起步较晚，但研究中出现了诸多亮点，例如韩彬等以低碳经济为视角，从会计目标、核算主体、会计要素等七个方面对环境会计核算体系进行了构建，同时提出了发展我国环境会计核算体系的建议。冯巧根根据环境管理会计国际指南的相关准则，结合我国环境政策及相关的法律法规，通过 KD 企业环境成本管理，重新构建了一个适合我国国情的环境成本分析框架，从而为提高我国环境成本确认、计量以及优化环境成本管理提供了科学依据。袁广达在资源环境成本管理基础上分析了环境会计理论构成、属性和功能、与资源环境的关系、发展动力、发展方向以及基本规律。为环境污染控制的会计行为提供了较好的思路，也为未来环境会计学科的发展和学术的深入研究提供了良好的条件。耿建新借鉴了国际上相关的理论和实践经验，结合中国自身的森林资源管理的特点，提出了编制既要符合中国实际情况又要与国际相一致的中国森林资源平衡表体系。

上述在环境会计研究方面取得了丰硕的成果，但还存在一定的不足之处，主要表现在以下几个方面：第一，在研究内容上，理论研究较多而实务研究较少。对环境会计的研究主要集中于理论综述、制度建设和信息披露等方面，实务方面的研究较少，鲜有把中国现有的环境状况与企业具体实际情况相结合的应用研究，从而不利于环境会计的发

展。第二，在研究视角上重视微观层面的研究，轻宏观层面的研究。由于生态环境的特殊性，不同于传统会计，环境会计必须同时将宏观环境会计和微观环境会计的研究结合起来，进行系统的研究。但现行的对环境会计大多数理论研究表明微观环境会计研究较多，宏观环境会计研究不足。第三，研究成果方面，高水平的、权威性和创新性的观点相对不足，引领性指导意见尚未出现。通过查阅和分析近十年的相关文献，相关普通期刊上的论文和学位论文数量较多，但在中文核心期刊，CSSCI 来源期刊上发表的论文占比较少，而且没有提升。这说明虽然环境会计的研究吸引了众多学者的关注，但高水平的研究成果相对不足。

### （二）应用研究方面

环境会计信息披露体制机制不健全。由于我国环境会计起步较晚，相关法律法规体系不健全，尚未出台与环境会计信息披露有关的法律法规，对企业与环境会计有关信息披露要求比较笼统和空泛。从已有的披露环境信息的上市公司来看，大部分上市公司只有一般相关的指导性意见，披露的操作流程不明确。由于环境会计信息披露体制机制不健全，对相关企业破坏环境的行为缺乏约束，企业披露环境会计信息的主动性不强，自利性较强。从而会导致我国对企业环境会计信息披露的规范化管理带来阻力，不利于我国环境会计的进一步发展。

对环境会计有影响的制度因素和环境政策研究文献不多。从现有的环境会计研究文献来看，有关环境会计核算、环境会计信息披露的文献数量较多，有关影响环境会计制度因素和环境政策方面的文献较少。相比国外在此方面的研究，存在一定的差距。可能存在的原因主要有：第一，我国的碳排放交易市场虽已启动，但尚未正式交易，缺乏交易的相关价格数据，从而导致对碳市场有效性及定量研究还相对落后。第二，我国对企业的环境绩效指标体系考核尚不完善，还未形成一个统一的标准，对研究环境绩效、环境经济政策及环境信息等造成阻碍。第三，在环境成本管理的应用方面，国内大部分研究集中在理论层面，缺乏对成本效益原则的具体应用研究，环境会计的作用和效果没有真正地发挥出来。

## 二、环境会计与生态补偿的耦合关系

### （一）生态补偿与环境会计互为补充，相互发展

一方面在生态补偿实践中，环境会计可以为其提供理论支持，依据"谁保护、谁受益，谁污染、谁付费"的补偿原则。生态补偿既包括对生态环境保护者所获得效益的奖励或生态环境破坏者所造成损失的赔偿，也包括对环境污染者的收费，在生态补偿实践过程中，生态补偿费用的核算和量化是一个重要的内容，而环境会计的核算方法和理论为企业核算和量化提供了理论和技术支撑。另一方面生态补偿反过来又推动环境会计不断地向前发展和完善。环境会计是基于环境问题而产生的，其目标是改善自然生态环境，提高社会总体效益，向社会和利益相关者提供经济活动中环境信息，以评价生态环境质量，实现环境保护和社会协同发展，环境会计作为一门新兴的学科理论，发展尚不成熟，无论理论还是实践方面都面临许多急需解决的问题，而生态补偿机制的建立和完善，为环境会计的发展和进步提供了良好的实践经验，使环境会计理论在生态补偿实践中得到进一步检验，推动环境会计不断向前发展和完善。因此，生态补偿和环境会计相辅相成，共同推动经济社会向前发展。

### （二）环境会计发展为生态补偿标准的合理确定提供了依据

推进生态补偿机制的顺利实施，就需要建立一个公平合理的补偿测算指标体系作为支撑，组织或个人对生态环境的破坏，生态系统价值的实现等均需要依据补偿指标体系进行评估，评估结果可以作为生态补偿标准合理确定的依据，而这个过程如果借助环境会计的核算方法，准确地量化相关标准和指标，那么会对评估结果的实施效果起到更好的作用。当前，生态补偿标准的确定和量化是生态补偿机制中一个值得关注的问题，国内大量文献对生态补偿标准的量化进行了相关的研究，但尚未形成一个统一的、合理的方案。在生态补偿的实践环节中，引入环境会计的核算方法和理念，对生态补偿标准的合理确定会更为客观。因此，环境会计的不断发展和完善能够为生态系统的价值补偿和定价提供理论支持。

（三）环境会计的实施有助于生态补偿制度的建设与发展

实现经济社会可持续发展和保护生态环境双赢，生态补偿制度提供了必要的制度指引，建立和健全生态补偿制度，为生态服务价值的价格市场化提供制度导向。通过对生态保护者、生态破坏的受损者等相关利益者的直接和间接补偿是建立生态补偿机制的重要内容，也是实现生态系统服务价值功能的具体体现。而环境会计作为反映主体的环境信息和相关的环境投入等加工处理系统，是保护环境和实现社会进步的重要途径。随着人们对环境会计重视的不断加强及有效地实施环境会计，生态补偿机制必将得到进一步的发展和完善。

## 三、生态补偿视阈下我国环境会计发展策略

（一）加强以生态补偿为核算内容的环境会计制度建设

生态补偿是以经济为主要的手段来调节社会各利益主体之间利益关系的一种制度安排。它以保护生态环境为目的，推动社会可持续发展。有效地实施和推进生态补偿机制在明确生态环境损害主体的基础上，必须进一步量化生态自然资源。自然资源的使用人进行经济活动必须考虑破坏和损害生态环境的代价，从而使生态环境纳入产品成本中，使环境污染外部性内部化。环境会计的核算职能为生态自然资源的量化奠定了基础。把生态补偿纳入环境会计制度建设的内容，不仅可以充实环境会计核算的内容，而且为提高环境会计的会计信息质量，指导政府相关部门和环境决策者进行生态补偿机制的有效实施提供可靠的依据。一方面环境会计制度的建设和完善可以服务于生态补偿的实践工作，环境会计的发展反映生态补偿的成果；另一方面把生态补偿纳入环境会计制度建设也可以充实环境会计的研究内容，同时为各利益相关者进行决策提供借鉴和参考。

（二）重构以会计核算和生态补偿机制相衔接的环境会计核算体系

生态补偿机制作为一种调节社会各主体利益关系的制度安排，其目的是保护生态自然环境，提升经济社会发展水平和质量，环境会计的目标是实现经济社会效益和环境效益的协调统一，两者都源于环境问题的不断凸显，所以两者的目标基本一致。传统的会

计核算没有考虑环境问题带来的影响，不能如实地反映经济产出，随着环境问题的日益恶化，原有的会计核算已不能满足企业和社会的需要，环境会计在传统会计的基础上，以利用生态环境资源为中心，对组织或企业有关的环境活动进行确认、计量、记录和报告，使报表的相关使用者做出正确的决策。生态补偿机制的补偿资金的支出、补偿标准的确定等必须进行合理的量化，会计核算是进行量化的重要工具，把环境问题纳入会计核算体系，对生态补偿有关的内容进行确定和核算，是重构环境会计核算体系的重要内容。例如企业在生产经营活动过程中对生态环境造成的破坏和损失，应该由企业来补偿，通过环境会计核算后最终确定的金额可以作为补偿的基础。为此，重构环境会计核算体系，以会计核算为基础，纳入生态环境问题，与生态补偿机制相衔接，量化和确定生态补偿费用与金额，不仅可以为生态补偿机制的实施提供理论基础，同时可以促进环境会计的进一步发展。

## （三）完善以环境会计为主要工具的生态补偿监管体制

近年来，在政府和相关部门的大力推动下，生态补偿工作实践取得了长足的进步，生态环境保护工作也获得了良好的效果，但是建立和完善生态补偿机制是一项长期而又复杂的工程，其中涉及生态补偿主体的界定、补偿标准的合理确定、生态补偿评价指标体系以及生态补偿收费制度和生态补偿公共制度的建设等方方面面，而生态补偿标准的确定和生态补偿评价指标体系的建立是其中的重点。因此，有必要改革和完善原有的生态补偿监管体制。环境会计作为生态补偿监管的量化工具，对加强生态补偿实施情况的跟踪和检查，补偿资金的使用情况和生态环保责任制的考核等起到重要的作用。完善环境会计为主要工具的生态补偿监管体制，需要各部门通力协作和统筹规划。一是在政府的主导下，加强各部门之间、部门和企业之间以及企业和学者之间的交流与合作；二是利用各种大数据平台和人工智能等，建立和完善环境会计信息和生态补偿监管平台和机制；三是借鉴国外一些成功的经验和做法，构建由政府主导，企事业单位和大众等多方积极参与的产学研推进体制。

# 第四节 新经济条件下会计发展

　　新经济与传统经济相比具有很多不同的特点，新经济的变化对会计也提出了多方面挑战。会计需要应势而变，新经济需要会计的更多参与。文章在回顾了新经济的特征、会计面临的困境和新经济对会计的期望之后，提出会计需要拓展职能，服务于宏观经济、政治文明、社会文明和生态文明，实现会计发展与社会进步的协同。

　　会计因经济社会发展的需要而产生，并伴随着人类社会历史进程的发展而不断发展。当今社会已由工业经济形态过渡到新经济形态，企业的内外部环境都发生了巨大变化，会计理论与实务均受到重大影响，甚至有人认为会计未来会走向消亡。会计学是一门职能学科，会计的职能是指会计在经济管理活动过程中所具有的功能。作为"过程的控制和观念总结"的会计学，具有核算和监督、预测经济前景、参与经济决策、评价经营业绩等职能，其中核算和监督是两项基本职能。在新经济条件下，会计将何去何从？实践需要理论探索与指导，会计的发展是适应性的。本节以新经济为前提，对会计发展与社会进步的协同加以研究。

## 一、新经济的特征

　　社会上占主导地位的产业决定了社会经济形态。"新经济"一词源于美国，最初是指 20 世纪 90 年代以来信息、生物、材料等新兴技术的飞速发展使得美国实际 GDP 和人均收入史无前例地长期强劲增长的现象。"新经济"不仅被理解为经济质量和结构的变化，还包括市场运行、社会运转、生产过程和产业组织等发生的巨大变化。发展至今，新经济具有了不同的内涵，人们普遍认为新经济主要是一种持续高增长、低通胀、科技进步快、经济效率高、全球配置资源的经济状态。我国经济在经历了多年的高速增长之后，依靠要素投入的"传统经济"逐渐淡化，依靠知识和技术投入的新经济勃然兴起。新经济的特征主要表现在以下方面：

## （一）知识、信息成为经济发展的主导因素

在长达几百年的工业经济时代，资本一直是经济发展的主要驱动因素。资本的所有者出资组建公司，资本的所有者也就顺理成章地成为公司的所有者，手中缺少资本的劳动者成为公司的雇员（包括管理者与员工）。在这样的劳资关系中，体现着资本支配劳动力的逻辑关系。由于当时人在财富创造中的作用相对较低，资本是财富的主要贡献要素，资金也就理所当然地成为会计核算的主要对象。因此，工业经济是资本驱动的经济。在新经济时代，资本和劳动力仍然是生产经营的必需要素，但是，经济发展的模式发生了变化，资本和劳动力之间的逻辑关系也发生了新的变化。作为活劳动的人的作用显著增强，取代了过去长期占统治地位的资本，成为社会财富的最大贡献要素。资本不再是经济发展的决定性因素，知识、信息技术成为经济发展强劲的驱动力，经济社会实现了更高层次的发展。

## （二）新经济模式是一种绿色的、先进的、可持续的发展模式

在传统经济条件下，自然资源相对充裕、人力资本相对廉价，加之知识与信息技术相对落后，企业粗放经营，经济难以按照科学的理念去发展。经过多年的发展，人类创造出了巨大的财富，但付出的成本代价也是巨大的，比如生态环境的恶化、土地资源的浪费等。因此，传统经济一定会被更高级的可持续发展模式所取代。在新经济条件下，社会发展方式、资源配置方式以及人们的思维方式和行为方式都会发生重大变化。

## （三）社会精神文明程度的提升

传统经济条件下，人们的物质生活不够丰富，也放松了对精神层面的高层次追求，有人为了追求物质利益而降低了道德水准，甚至道德沦丧。在新经济条件下，人们的物质生活已经达到较为富裕的程度，加之人们的文化水平较之前有了大幅提升，人们不禁要去思考人生的意义和价值等高层次的人类终极问题。虽然物质财富是生活所必需，但精神层面的享受要远远高于物质层面的享受，精神享受才是人类最大的幸福。在新经济时代，人们精神文化层面的消费明显增长，物质层面的消费中也渗透着不同程度的文化内涵，文化的发展对于社会、组织和个人都有着十分重要的意义。精神文明层次的提升使经济呈现出高质量发展，使整个社会处于高质量的良性发展状态。

## 二、会计面临的困境

经济社会的变迁决定了会计的产生与发展方向。人类社会先后经历了自给自足的经济、物物交换的经济、简单的商品交换和发达的商品交换几种经济形态，在每一种经济形态中，会计都发挥着重要的促进作用。会计由"结绳记事，刻木计数"、由简单的会计实务发展为完整的会计学科体系，由单式记账发展到复式记账，表现出了强大的生命力。一方面，经济社会的发展需要会计做出相应的变革；另一方面，会计的变革反过来又会推动经济社会的再一次进步。会计总是在新时代来临之时重塑自身，去适应新时代的发展要求，与每个时代共同进步，在协助经济社会进步的同时，也实现了自身的发展。可以看出，经济社会发展的过程也是会计变革的过程。新经济条件下，会计面临的困境如下：

### （一）会计前提受到挑战

现代会计成型于近代工业社会，在会计要素、会计等式、会计循环、财务报告等方面，无不体现着工业社会的诉求，会计也的确为工业社会的发展、为人类文明做出了重大贡献。会计主体假设、货币计量假设、会计分期假设与持续经营假设的提出在工业社会具有高度的科学性，没有这四种假设，会计理论与实务将无法开展。然而，在新经济条件下，随着信息技术的广泛运用，这四种假设受到了重大冲击。虚拟企业的出现使得企业主体的可见性、稳定性不再明显，对会计主体假设形成冲击；虚拟货币的出现对货币计量假设形成冲击，况且企业经营中还出现了不能用货币计量却十分重要的事项，如客户资源；信息技术的发展打破了会计分期假设，人们随时随地都需要且能够得到财务信息；企业风险变大、不可知因素增多，用未来12个月内预计企业不会破产作为持续经营假设也变得过时。会计假设是会计存在及运行的前提，会计假设决定了会计核算的每一个方面。前提受到冲击，那么会计应该往哪里去？

### （二）会计要素设置不科学，影响了会计信息的有用性

企业的经济管理活动是会计的核算对象。我国把会计核算对象进一步细分为六大会计要素，即资产、负债、所有者权益、收入、费用、利润，会计要素分类反映了会计核

算的广度。新经济条件下会计要素设置得不够科学，表现如下：首先，会计要素的定义表现出了一定的局限性，比如资产、负债、收入、利润的定义都是传统意义上的内涵，没有反映出新经济的发展要求，这种局限性影响了会计核算的准确性。其次，在企业的经营活动中出现了不能用货币表现的交易或事项，比如自创商誉、人力资源等，影响了会计核算的全面性。最后，会计核算对象的货币属性，降低了会计信息的有用性。在新经济条件下，社会经济发展的动力是信息与知识，是具有工作知识的人，已不再是传统的资本，关于资金的会计信息所受到的关注度大大降低，而那些对企业发展有重要影响的信息，比如公司战略，却由于不能使用货币计量，而没有体现在财务报表中。

### （三）会计局限于微观层面，影响了会计价值的进一步实现

会计是一个信息系统。自会计诞生之时就一直在为不同的管理者提供财务信息。会计的历史变革与经济发展密切相关，经济发展是会计变革的根本动因。会计的产生不只是为了服务于某一个企业，而是整个国家政治、经济、文化共同作用的结果。所以，会计的产生从一开始就属于宏观范畴，而不应隶属于微观。随着社会分工和经济发展模式的变化，会计理论、会计实务都发生了相应的变化，这种变化说明宏观的经济发展决定了对会计的需求。反过来，一旦会计理论与实务应经济发展之需而产生之后，就必然会通过政策工具效应、资源配置效应、交易费用效应等对经济发展产生不可替代的积极作用。然而，现实中会计系统被视为"决策有用"的定价系统或者作为一种普通的具有"噪音"的业绩评价系统，企业的发展与治理并没有真正反映在财务报告之中，这就导致了会计信息没有被充分利用，会计信息供给显得相对过剩，会计的职能也就不能得到真正发挥。

### （四）会计视野局限于经济领域，没能反哺政治、文化

从总体来看，最初会计的诞生不是为了经济，而是具有非物质性目的。目前会计学科属于管理学，也曾被归类为经济学，足以见得人们把会计当作是经济管理的一部分，定性为属于经济管理学科。这也许是因为近代以来，世界各国都在追求经济的发展。事实上，经济生活仅仅是人们生活的一部分，除了经济生活以外，还有精神生活、文化生活。随着社会的进步，精神生活、文化生活的重要性最终会超过经济生活。政治对会计的影响主要体现在以下几方面：首先，政治影响经济环境，通过经济环境影响会计的发

展与变化。其次，不同的政治模式，对会计的目标、职能等的要求不同。再次，不同的政治模式下，人们的行为方式不同，也会影响到会计实务的具体操作。会计的目光应该超越经济，关注政治文明、文化建设。

## 三、新经济对会计的期望

党的十八届三中全会做出《中共中央关于全面深化改革若干重大问题的决定》，强调完善和发展中国特色社会主义制度，推进政治体制、经济体制、文化体制、社会体制、生态文明体制和党的建设制度等方面的改革，无疑会对我国经济的发展方向产生重大影响，同时也会对会计产生深刻影响。

### （一）宏观经济调控需要会计参与

宏观经济调控是一个国家为了国民经济发展而制定的经济调节手段，在整个社会范围内实施对经济资源的配置。谈论宏观经济，人们往往会联想到经济发展的"三驾马车"，即消费、投资与出口。政府进行宏观调控的手段有利率、税率、汇率、存款准备金率等。这些宏观调控手段与工具的运用效果如何，则建立在会计信息的真实性与相关性基础上。经济发展正在由低水平向高质量转型，高质量的经济发展、高质量的经济决策，必然要有高质量的会计准则、会计信息做支撑。会计学中的基本理论问题与国际宏观经济以及四个"全面"战略布局政策之间的联系越来越紧密。目前，我国会计准则往往较多关注与国际趋同，而没有切实结合我国具体的经济、历史与文化的实际情况。另外，会计造假问题依然存在，会计信息质量也有待提高。我国调控经济依据的信息来源主要来自国家统计部门的 CPI、PPI、海关、税务系统以及企业提供的财务数据。会计是连接微观企业行为与宏观经济政策之间的纽带。

### （二）政治文明提升需要会计支撑

经济基础决定上层建筑，而会计是经济管理的重要基础，除了对经济基础的天然作用，会计的发展对上层建筑也有积极影响。政治文明是人类发展过程中积累的政治成果的总和，政治文明需要优秀的会计来推动。会计是一系列的规则，也调节着政治的方方面面，会计信息质量特征对公众利益的调整具有强大的作用，会计监督客观上可以起到实现权力制衡、揭露腐败的作用。国家政治文明进程与会计的发展相辅相成，国家的政治制度结构影响着会计的需求与供给、影响着会计目标的确立、影响着会计的地位。反过来，会计的发展是政治文明建设的基础条件、是政治文明建设的重要动力，会计的国际化甚至可以倒逼一国的政治文明建设。

### （三）社会文明的改善需要会计配合

诺思认为，制度环境是一个社会最基本的制度规则，是决定其他制度安排的基础性制度。从某种意义上来说，乔帕利所著的簿记论是文艺复兴的文化产物。会计准则的科学化总是涉及价值观、管理理念和文化。社会主义核心价值观的提出，更是彰显了社会精神文明的重要性。目前国家强调的反腐倡廉、企业社会责任的承担、企业管理者的担当都是政治问题。近年来，国内外会计舞弊案件频繁发生，会计行业遭遇诚信危机，人们已经意识到不能仅从法规制度层面寻找会计行为异化的原因，还应该从道德文化等更本质的层面进行反思。会计信息的有效利用，可以有效克服逆向选择和道德风险。因此，会计应跳出经济范畴，登上更广阔的历史舞台，以发挥更大的作用。

### （四）生态文明建设需要会计同步

工业社会虽然给人类社会积累了财富，但也使生态环境付出了巨大代价。在发展经济的过程中，人们为了获得足够的利润，总是在破坏自然生态环境，企业在生产过程中虽然获得了利润，却没有考虑对自然环境承担的责任，很多企业开山毁林、大量排放废水废气，导致环境不断恶化。随着新经济时代的到来，社会发展模式发生了新的变化。人们在获得财富的同时，也看到了保护环境的重要性。在这方面，会计准则应该承担自己的责任，这是生态文明建设对会计提出的挑战，也是会计未来发展的动力与方向，会计学界与业界应该认真对待这个问题。目前企业财务报告中的会计利润是多方面事项的综合，并没有真正反映企业的收入、成本与费用，特别是生态环境补偿问题。

## 四、会计职能拓展的领域

《会计改革与发展"十三五"规划纲要》确定了会计理论研究工作的目标，即紧紧围绕经济社会发展和财政会计中心工作实际，深入开展会计学术研究和理论创新，加快建立具有中国特色、实现重大理论突破并彰显国际影响力的中国会计理论和方法体系。在过去几年的研究中，会计理论研究凸显了"宏观"色彩，从微观视角研究并服务宏观经济管理，政府会计改革、会计促进政府治理问题相关研究取得了突破，会计为管理服务、会计促进新常态经济发展、会计助力生态文明建设迈出了重要步伐，环境资源会计基本理论、自然资源资产负债表的编制等相关研究初步达成共识。会计的发展要与社会进步相适应，满足环境的需求，相互促进，美美与共。

### （一）宏观经济

罗红等研究发现，我国上市公司汇总的会计盈余与未来 GDP 增长率显著正相关，我国上市公司披露的会计盈余信息具有明显的宏观预测价值，股权分置改革以及企业会计准则的国际趋同显著提高了会计信息质量，进而改善了会计信息的宏观预测价值。会计准则在制定过程中，应进一步关注宏观经济决策的需要，为宏观决策制定会计制度、设置报表项目。会计计量与宏观经济问题非常值得深入研究，比如投资问题、资产负债表问题、各类经济行为问题、宏观经济变化趋势问题等都取决于会计如何计量。在实际会计工作中，首先要保证会计信息的及时性、真实性、可比性，进一步提高会计信息质量。其次，要不断强化会计语言的通用性，扩大会计信息的公开披露程度，以有利于宏观经济决策。最后，要进一步结合宏观经济发展的需要设置会计科目。

### （二）政治文明

会计学家杨时展先生曾指出，"天下未乱计先乱，天下欲治计乃治"，由此可见会计对于国家治理的重要性。会计准则的制定者应该具有高度的政治敏锐性，使会计准则服务于国家的政治文明建设，形成会计与政治的联动与耦合，促进经济社会发展。会计实务工作者也应具有高度的政治自觉性，在企业内部控制、会计政策选择、会计的估计与判断等方面，都要注重政治的平等、公正、法治，通过政治文明的不断改善，最终实现社会的长期发展目标。作为一系列契约的会计规章制度的制定，实际上是一个政治博弈的过程。权力寻租是导致腐败的最重要原因。应建立和完善政府会计与预算体系，建立健全政府财务报告制度和政府会计信息披露制度，加强政府部门内部控制，完善经济责任制度，完善相关准则和标准的制定模式。"阳光是最好的防腐剂"，建立完善政府绩效报告体系，打造透明政府，推进政府高效化建设。完善会计信息披露与公开制度，促进政治公开化。

## （三）社会文化

长期以来，人们习惯于把会计看成是一个经济信息系统，然而，会计与文化一直是密切联系的。几千年以来，人类积累了丰富的文明，包括物质文明，也包括精神文明。会计是物质文明发展到一定程度的产物，同时，会计的产生也与文化有着密切的联系，不同的文化可以产生不同的会计。"盎格鲁-撒克逊"会计文化的稳健性就是会计受文化影响的一个很好的例证。同时，作为文化范畴的会计，也同样会对社会文化产生反作用。利特尔顿认为，把客观、诚信的价值观当作不懈的追求，必须对数字进行如实的分类、正确的浓缩和充分的报告。在新经济条件下，要全面创新会计理论，完善会计的财富计量功能，通过对社会财富公正允当的确认、计量、记录和报告，为社会财富的合理分配提供可靠的基础；完善会计方法，为社会财富的高效合理流动提供有效途径，发挥财富在经济社会中的作用；完善会计职业道德与会计文化建设，不断提高人们的诚信意识、培养人们整体利益重于局部利益、长期利益高于当前利益的意识。人类社会的发展历史表明，文化是会计赖以生存和发展的环境，反过来，会计的发展对于推动社会文明建设也具有重要影响。在会计的发展过程中，要注重我国优秀传统文化在会计准则中的体现；在会计实务中，要注重优秀文化与会计实务的结合；要注重会计从业人员文化涵养的不断提升。

## （四）生态文明

由于资本的贪婪，加之人们认识的局限性，在经济发展的过程中，很多国家的发展都以牺牲环境为代价。企业为了追逐高额利润，大量消耗能源、矿山，排放废水废气，会计利润增加了，可人类生存的环境被破坏了。企业积累了财富，公众却因为环境的恶化，身心健康受到了很大危害。企业的这种做法与人们追求幸福生活的愿望背道而驰。

美好的自然环境是人类千百年以来赖以生存的基础，也是人类为之奋斗的目标。为了促进生态文明建设，在制订会计准则的过程中，要将自然资源、环境保护纳入会计准则研究范围，注重环境会计的研究。在考虑保护自然环境的同时，重新定义资产与负债、费用与利润的内涵，使会计真实核算企业的费用，真实反映企业的利润。从会计制度设计、成本核算，到利润的形成，都要注重生态文明建设。会计工作者也要在实务工作中认真贯彻绿色发展的理念。

会计是环境的产物，同时又反作用于环境。回顾历史，会计在人类文明进程中发挥了巨大作用。在新经济条件下，会计环境发生了新的变化，这种变化是挑战也是机遇，会计未来的发展是摆在会计学界面前的崭新课题。总之，会计应顺应时代发展需要，服务于宏观经济、政治文明、社会文化和生态文明建设，将会计职能与社会需求有机结合，从而实现会计发展与社会进步的良性互动。

# 第五节 中国法务会计的发展

随着我国社会主义市场经济发展，一直没有成为热点的法务会计开始逐渐被人们所重视，对法务会计的研究也变得越来越重要，然而国内相应研究较少，本节旨在帮助更多财会人员了解我国法务会计的现况与问题，引起行业内重视，促进我国法务会计发展。

## 一、法务会计的概述

### （一）法务会计的含义

法务会计是在经济高速发展下，对职业种类进一步地细分，从业者需要同时具备法律、会计、审计的较高知识水平，为法律事项的当事人提供诉讼支持，在公检法提出要求专业援助时也能给出自己的专业判断，对经济犯罪等重大问题有着自己的职业敏感度，能提供相应审判证据。

## （二）法务会计的目标

法务会计按照公共社会中的不同领域有各自不同的目标，因为本节探讨范围为中国，故以我国为主要分析主体，有如下几个领域：首先是企事业单位，其数量最多，规模最大，目标主要是在遵守我国法律、行政法规、规章的前提下，尽量和企事业单位的财务目标相同，使得企业财务健康稳定地发展；然后是以审计为主体的社会中介，尤其以世界四大会计师事务所和中国八大会计师事务所为翘楚(其法务会计业务量达到同行业的99%)，其主要目标是依据自己专业知识素养，对受托单位的全部财务资料依法进行合规性报告；最后是公检法等司法部门，其主要目标是服务于法律诉讼，提供公诉人需要的法律证据以及鉴证，从而判定法律相关责任。

# 二、中国法务会计的发展与问题

## （一）中国法务会计发展现状

在我国，法务会计是在欧美国家法务会计业务成熟后传入的概念，起步较晚，在初期阶段的重视程度也不够，最近几年才开始对其加以重视，因此导致了现今很多的状况发生，比如企事业单位、社会中介机构、公检法三者均应该有大量法务会计人员从事，但是我国的特殊国情，导致了我国法务会计主要集中在社会中介机构，发展缓慢，知识传播效率低下，很多大众并不熟悉这个学科。而从业人员往往或者单为注册会计师，对法律相关的业务流程、程序并不是很了解；或者单为法律工作者，对经济业务各方面并不熟悉。

## （二）中国法务会计发展问题分析

### 1.理论体系发展不健全

就目前我国对法务会计理论的研究现状来看，研究人员还是在法务会计的框架、含义、方式、方法上进行概括总结，而且多是对外文的翻译与借鉴后形成的，对具体方法的时间运用、数据分析以及对相关理论创新中国化等方面并没有深入地研究，正是因为这样，认识无法正确指导实践发展，所以在法务会计服务过程中很多问题无法解决，新型人才的培养也很困难。

### 2. 人才匮乏

因为理论的匮乏，所以人才培养上也出现了问题，主要表现在教育上。众所周知，我国人才专业知识的培养主要在大学以及以后，而据 2019 年财政部给出的最新数据报告，在我国大学本科阶段开设法务会计方向的仅有 11 所，研究生阶段仅 9 所，博士生阶段仅有 3 所，这不得不说是一个残酷的事实，不仅仅是大众对法务会计的概念一无所知，而且专业从事财会以及法律的人员对其也是知之甚少，这些对法务会计的发展不得不说是很大的打击。

### 3. 制度层面不完善

在我国，法务会计在从业时往往依据的是会计准则、税法、经济法相关规定。这就导致了一些问题，如会计准则与税法关于营业税改增值税后相关规定的冲突、支付结算制度与会计准则的冲突等等，法务会计往往难以解决，只能根据经验去判断甄别，而一个行业的发展如果只停留在经验层面，那么发展就会受阻。

## 三、对中国法务会计发展的建议

### （一）加强法务会计理论研究，健全理论体系

首先，仿照注册会计师协会建立法务会计协会，协会建设应该先确立行业的领军人物，在其指导与讨论下逐步确立整个理论体系，协会应当分全国与地方，考虑到初期发展问题，地方可以到市级，在协会建设遇到困难时可以求助当地政府或者国务院财政部委；然后更加深入法务会计研究，体系的建立需要无数分支的支撑，我国欠缺的正是分支的支撑，因此政府应当牵头，组成专家学者专门对法务会计具体工作方法、方式进行探索，将法务会计中国化，对整个理论体系进行创新。最后，应当在双一流的高校中设立法务会计研究中心，在其研究中心有一定成果后再由其派出骨干人员指导普通院校建立研究中心。

### （二）加强法务会计教育，增加人才供给

教育上，又分本、硕两个主体。针对本科生，一方面要培养他们对法务会计学科的

兴趣，专业老师在开学伊始就要对法务会计全面讲解以及其广阔的就业前景给予说明，另一方面要增加设立法务会计方向的本科院校，对实在没有能力开展相关方向的学校，可以指派骨干从业人员在学校建立法务会计实验班，促进其发展。同时鼓励学生修法律与会计的双学位，努力成为相关人才；针对硕士生，一方面要开源，即增加相关院校，另一方面也必须得承认我国短时间内增加大量可以就读学校的难度太大，应当与国外院校开展学分互认的项目，共同培养人才。

### （三）加强制度层面建设，完善制度规范

国务院财政部、各级地方政府应当将法务会计的制度建设提上日程。国务院财政部首先应当对其准入条件进行精确规定，然后要组织相关的职业考试，值得注意的是，其过程可以逐步推进，在问题中不断改进具体法律法规。各级地方政府对法务会计的制度建设应当注重细化，对财政部颁布的相关制度结合自己的省市具体情况加以改变和实施，因地制宜地进行法务会计制度建设，从而在国务院和各级政府的共同努力下全面进行制度建设。

## 第六节 新信息技术与管理会计发展

传统会计越来越不适应未来企业的成本管控要求，在这种历史局面之下，作业成本法诞生。它是以作业为基础的成本计算方法，企业全部作业所消耗资源的总和便是产品的成本。它的核心是作业，成本的分配以资源的使用情况为基准，将作业消耗状况相应地分配到作业中，根据对象消耗的情况，针对不同的产品对象完成作业成本的分配。人工智能（AI）、大数据（Big Data）、云计算（Cloud）三大信息技术的诞生可以与作业成本法相结合，可以让企业的成本管理精细化，成本核算与实际情况相结合，并植入信息分析的要求，将其组合成一个整体，并最终为企业成功实现成本精细化管控提供决策方案，改进成本管控行动，努力提高企业经营效率，细化成本信息。企业培育核心竞争力的关键在于整合企业人力资源、技术装备、物质资源，最大限度地组合现有的力量，以

达到作业成本管理的目标。这种新信息技术结合作业成本法的新兴成本管控方式为我国企业的发展壮大提供了明确而关键的方向。

## 一、传统成本会计面临的挑战

新时代信息科技发展迅速，人工智能、大数据、云计算是其中的重要代表，也是其中较为关键的发展领域。在企业核心竞争力的培育中，三大新信息技术应用于实体经济的改造，可以有效地改善企业管理效率、提高技术创新水平。未来世界经济的持续繁荣取决于三大新信息技术的应用，它必将带来一次技术变革。只有将这种技术变革深入地植入我们企业的发展变革中，我国企业才有可能具有核心竞争力，在未来激烈的全球化竞争中立于不败之地。传统的成本会计提供的会计信息缺乏相关性，甚至在计算上存在严重的问题，这会给企业的生存发展带来严重威胁。

## 二、可能产生的问题

财务人员的专业技术水平有限，已经适应了传统成本会计的工作模式。对新型的成本管控方式不适应，对这种成本核算新模型带有抵触和拒绝的倾向，这有可能导致了新型的成本管控方式可能广泛地实施与应用。而且，企业财务人员对这种结合三大信息技术的成本管控方法的陌生感也会造成财务人员的水平参差不齐，也难以与现场一线工作人员实现信息对接，进而影响到这种成本管控方法的实施效果。

我国企业的领导者过度重视直接成本，而忽视了隐形成本。这与我国企业的信息技术程度低下，领导者成本信息技术意识缺乏有关。企业本身缺少数据系统的支撑与数据信息的利用技术，难以观测到对未来成本的预测与控制。这可能会让企业的后续成本上升，最终的成本管控结果难以被企业领导人认可。

信息共享问题。我国企业各个部门协调不足，各部门使用的信息化系统无法做到信息共享，信息共享低下导致信息使用的效率低下，即使各部门的信息数据从作业现场获取也难以迅速与植入新信息技术的成本管控系统做到信息共享，这将严重影响到成本管控的效率。

我国缺乏相应可靠的作业成本软件。使用新信息技术的企业多是采用个体研发的方式来开发相应的软件，这对我们企业的成本管控统一化不利，进而也影响到了推进新信息技术结合作业成本法的进一步发展与普及。因此，尽快使这种新型的成本管控方式标准化、集成化、高效化极为重要。

## 三、人工智能（AI）、大数据（Big Data）、云计算（Cloud）的影响

人工智能技术可以将传统成本会计中需要的各类资源进行整合，对作业的环节进行全面监控，并进行科学合理预测，可以大大提高管控效率，真正做到成本管理精细化。这可以有效改变传统成本会计的缺陷，将原先独立设置的作业岗位整合在一起，大大降低各类非必要的资源耗费，提高管控效率。人工智能可以研究、模拟到达整个作业成本法信息化、智能化、集约化的综合管理，以提高成本管控的精确性。

大数据（Big Data）又叫巨量数据。依靠计算功能一般、老旧的传统软件是难以在时间限制之下完成数据的处理与分析。某种意义上说，大数据是一种企业信息资产，但是这种资产需要全新的算法模式，并依赖计算机科学计算通过优化处理过程、智能化决策方式等办法来得到企业成本管控所需要的信息。这种依赖计算机技术的数据处理分析才是大数据技术的核心意义，通过它可以发现隐藏在企业作业生产中的联系，这种联系会带给企业有用的信息，并帮助企业进行成本管控。因此，大数据技术的重要作用除了提供成本管控的信息之外，这些衍生出来的专业数据处理分析才是企业应该从海量的信息中得到的最重要的资源与工具，这才是企业经营的关键。通过对数据的进一步"分析处理"，来对企业的成本管控产生作用，而不是仅仅像传统成本会计那样描述性的成本数字"汇报"。

云计算（Cloud）是一种"大共享"资源使用模式。它依赖互联网技术，使得资源共享空间可以得到充分的利用，包括服务器、服务、存储等。访问者可以投入少量的成本就可以享用其中的大量资源。这种快捷、强大的模拟计算能力可以有效地完成需要大量耗费人力的计算工作，其服务特征还具有一定的"记忆性"，这种能力会使计算力进化速度加快，成本降低，效率提高，也正是云计算的发展为大数据技术的出现奠定了一定的基础。

运用云计算的技术平台，可以将分散在企业中的各个成本作业岗位信息加以汇总，

进行有效的作业成本信息整合，科学有序地完成信息初步"筛选"，以排除无用的、无效的信息，提高成本汇总效率，优化成本管控系统的资源管理，升级优化作业成本法的相关流程，减少无效、多余的信息成本，以期提高企业经营管理的效率，降低误差率。

三种信息技术必须相互依赖，相互助力才能成功应用到作业成本法中。大数据依赖云计算的强大计算功能，完成对海量数据的分析处理与信息识别，云计算的分布式架构是其中的核心技术架构。而人工智能的研究、模拟需要大数据为基础才能实现，只有不断地对海量数据进行反复的模型训练、模仿人脑的学习、重复性的研究才能提高人工智能的不断进化，从而总结出可以由计算机识别、使用的数据分析工具。人工智能需要的信息依赖云计算，通过不断进化来为云计算提供信息，以便云计算提升计算效率。三者紧密相连才可成为一个整体，相互配合，相互促进，为作业成本法服务。

成功应用新型的植入三大信息技术的作业成本法是我国企业成本管控成功的关键，直接关系到企业核心竞争力的培育、企业的存续发展。

## 四、应用人工智能（**AI**）、大数据（**Big Data**）、云计算（**Cloud**）三大信息技术的办法

建立信息网络，互通有无。涉及成本信息的系统需要重新整合，完成信息集中汇总，避免信息过度分散，利用三大信息技术实现成本信息的快速传递与共享。在所有的作业环节中实现全面监控，全面收集各类作业环节的数据，依赖云计算的分布式架构（例如：云储存）实现信息的集中汇总，并完成实时信息传递，提高精确度。对供应商、物流仓储、生产线、产成品等作业环节实现全程贴码登录，并与 ERP 系统对接，全程数字化、电子化，实现全程生产自动化转码，实现工作量贴码与质量监督码的对应，将所有作业流程上的各批信息组合汇总。

构建"数据信息池"。并将有价值的信息标识，为整个作业流程提供可靠的成本分析，利用云计算技术提高计算效率。这种"数据信息池"并非简单的描述性数据表，它需要结合大数据技术完成平台构建，以便于完成数据分析工作，建立数据联系，这些数据分析结果可以为作业成本法的优化提供信息情报和决策依据。这些技术的实施一定要保证作业成本法可以有效实施，提升计算结果的精确性，改进作业流程中的问题，及时修正生产作业中出现的问题，提高管理效率。数据的采集可以通过云计算技术来实现，

即通过消费者的行为统计来形成消费者行为数据库，并结合生产线数据库来采集、存储这些海量数据。建立好数据库后，对这些数据进行分析评价，以期找出有益的生产经营结论。将得出的结论应用到生产经营中，完成作业流程的优化升级。

作业流程监控电子化、一体化、智能化。运用人工智能技术可以实现对整个流程的综合管控，这也是实现成本管控的关键一环。人工智能技术将会实现供应商、物流仓储、生产线、产成品等作业环节的全自动化。首先由人工智能技术编程算法，完善模拟过程，由机器学习逐步改善作业流程的成本分配，分配的方案会比较科学、高效。这种方式可以迅速优化作业流程、提高经营管理效率、降低管理成本与信息成本。

三大信息技术植入作业成本法的新式成本管控方法也将会改善企业的人力成本，人力成本将会显著降低。而且，人工智能技术还可以运用在重复性的工作岗位，实现作业流程机器人化，以避免企业人员的技术水平不足，对新管控方式的抵触等问题。随着三大信息技术的组合植入作业成本法，我国企业的成本管控必将有新提高，成本核算的精确性将进一步提高，成本管控将更加有效。

人工智能（AI）、大数据（Big Data）、云计算（Cloud）三大技术的出现使得传统成本管理的方式受到了极大冲击。这种成本管控的变革将使我国企业反思过去传统成本管控的缺陷，努力适应成本管控的新发展时代要求。在这种新发展时代中，各种机遇与挑战并存。若想在全球化激烈的竞争中生存发展下来，我国企业一定要紧跟时代步伐，努力适应新信息技术的环境。在学习国外的新信息技术成本管控的同时，努力寻找适合自己的成本管控方法，搜寻降低成本的方法，以保证自己在激烈的国内外市场竞争中存续发展。同时，企业应该加紧引进先进的管理会计人才，加快传统财务人员向管理会计的转型，淘汰无管理会计意识的财务领导，分流转岗。只有为具有管理会计意识的财务人才提供一个良好的事业环境才有可能为企业财务系统向管理会计转型提供良好的渠道。

# 第七节 我国电子商务会计发展

## 一、电子商务的相关概述

所谓电子商务，主要是指在现代商务交易过程中卖方通过运用先进的互联网技术和网络信息技术等等，以计算机作为主要通信媒介所开展的商品交换活动。换而言之，电子商务就是在传统商务发展的基础上将各个环节和各个模块进行电子化和信息化，促使买卖双方在网络平台中实现商品的交易，并且通过第三方支付软件进行付款。电子商务的出现和有效运用在一定程度上体现出了时代性，对传统的电子商业交易模式进行了改革创新，并且通过一系列的电子商务活动提高了企业的经济效益和社会效益，促进区域经济的可持续发展。另外，对于买方而言，电子商务使得其能够在网络平台中进行商品的选择，节省了购物时间，可以足不出户了解当前的商品发展趋势，对比商品价格，从而选择性价比高的商品；而对于卖方而言，电子商务的出现能够帮助其减少成本费用和管理费用，没有中间商赚取差价，使得产品的价格更能够吸引消费者。

## 二、电子商务会计与传统会计的区别

### （一）会计目标

在传统的会计发展过程中，相关学者认为企业在进行经营管理的过程中应当将所有权和经营权进行区分。所有者应当对其资产的运用情况和效率进行有效的掌握和管理，而经营者应当及时向所有者进行资产汇报，分析并解释经济活动的必要性及其产生的最终结果。随着电子商务的不断发展和渗透，当前我国经济活动大多已经实现了商务化和电子化，立足于互联网技术以及网络技术的基本特征，对会计信息进行及时有效的处理，能够同时向经营者和所有者提供有效的决策信息，最终将决策和责任进行有效的融合。

## （二）会计主体

在传统的会计发展和工作过程中，企业作为会计主体是真实存在的，并且具有一定的物质形态，相对稳定，是一种实体组织结构。但是随着电子商务的不断发展，传统会计理念下的会计主体已经逐渐趋于虚拟化。在实际工作过程中，这样的会计主体可能是暂时性的，没有固定的形态，也没有具体的活动空间，会随着市场发展的实际需求不断进行变革。但同时这样的会计主体是难以有效预测和管理的，市场无法对其进行有效的识别。

## （三）会计分期

在传统的会计工作中，通常会将会计主体设定为一个长期存续的结构和组织，基于这样的一个长期性，对企业的实际收入、支出等等情况进行分析，编制出科学合理真实的会计财务报表。电子商务环境下的会计信息在一定程度上提高了工作效率，能够实时报送，及时更新，投资者和权益者可以随时随地在网上进行会计资料的查看，了解企业的经营状况。但是在实际工作过程中，大多数企业为了分清企业的经营管理成果，通常会设置待摊、预提等会计科目。

## （四）会计凭证的确认

传统的会计工作都是将所有的凭证和财务报表通过纸质资料进行记录和总结。不管是原始凭证、记账凭证，还是财务报表都需要相关负责人的签字和盖章，从而明确经济活动的真实性和可靠性。但是随着电子商务的不断发展，原始凭证逐渐实现了电子化，这在一定程度上简化了会计工作，但因此也产生了会计凭证的真实性和合法性如何进行可靠辨别等问题。电子商务平台下的数据信息是无法通过字体来辨认的，每一笔发生的经济活动和交易业务不仅仅要对数据进行准确核对，还要注重经办人和批准人的网络签名和盖章。

# 三、当前我国电子商务会计发展面临的主要问题

## （一）缺乏切实可行的法律政策制度作为依据优化会计市场环境

网络平台中的用户及终端大多分布较为广泛和零散，这增加了客户的识别和验证难度。在会计信息的传递过程中，由于互联网的开放性和多元化，在一定程度上增加了传递的风险性。信息很有可能被其他不法分子冒充用户进行截取，同时对互联网平台的控制程序进行访问。另外，不管是计算机系统还是网络平台都存在一定的漏洞，一旦被竞争对手窃取商业机密，直接造成相关会计信息的流失，直接对企业的经济利益造成损失。在计算机和互联网安全管理的过程中，相关政府职能并没有充分意识到电子商务交易的虚拟环境，没有对交易过程和交易双方进行可靠的安全保护，这在一定程度上直接增加了会计工作的风险性。

## （二）会计审计工作难度加大

随着我国信息技术的不断发展，大多数企业在进行电子商务活动时将数据信息存放在电子系统中。但是在实际工作过程中，系统对于一些错误的处理方式具有一定的连续性，很多会计工作的不相容职责较为集中，在一定程度上为企业中的不法分子提供了舞弊的机会。当前电子商务背景下的会计工作并没有充分考虑到审计的重要性。在实际交易活动中缺乏相关的线索，无法对其真实性进行考核。传统的会计工作原始凭证或是会计凭证都是由专人填写，笔迹具有一定的辨认性，确保无法对专人笔迹进行篡改和修改。但是电子商务平台下，相关人员可以通过系统平台直接对数据信息进行修改并且不留下任何痕迹。

## （三）电子会计数据的法律效力有待认证

在发生经济交易的纠纷时，原始凭证通常能够作为最直接有效的证据。但电子商务的发展使得会计数据信息逐渐信息化和电子化，这样的数据信息能否作为直接证据已经成为大多数国家面临的主要问题。尤其是在面对审计和税务检查时，这样的信息能否作为可靠的依据是有待认证的。

## 四、电子商务背景下提高会计工作效率的策略和措施

### （一）加强会计工作者的信息安全防范意识

首先，相关会计工作者应当提高自身的安全防范意识，相关企业及职能部门应当建立健全可靠的电子商务会计系统，作为促使其可持续发展的重要保障。具体而言，首先，会计工作人员应当树立正确的风险意识。加强对会计信息的管理，通过对其输入、输出、权限控制、安装防火墙等等方式，明确要求外部用户进行会计信息的访问必须有一定的授权，拒绝非法访问；其次，会计从业人员应当对会计信息进行及时的备份。尤其是对于企业的一些决策信息或是重要数据等，要及时传递到相关可靠的介质上，从而防止信息数据的丢失。

### （二）改善优化电子商务的会计环境

网络经济的不断发展在社会上打造了一个全新的交易市场，这也是未来我国市场经济发展的主要趋势。为了充分提高电子商务的发展效率和质量，相关部门首先应当对市场环境进行改革优化。一方面，相关职能部门应当对金融监管和服务环境进行改革，建立起健全的监管制度，加强对网上交易的实时监控，确保第三方支付简便快捷，从而营造出良好的交易环境；另一方面，职能部门可以通过物联网技术对物流管理进行优化。装备识别器、红外感应器、GPS 定位等相关的设备设施，充分实现信息的传输和交换，对企业商品进行智能化服务，准确定位监控，从而提高企业的经营管理效率和质量。

### （三）运用现代信息技术，优化技术环境

随着现代信息技术的不断发展，当前我国会计工作在进行相关资源资料的收集和处理时大多依靠网络技术。例如，大数据技术、现代信息技术、物联网技术、云计算等等，都为电子商务的进一步发展奠定了良好可靠的基础和优质的环境。例如云技术能够提高电子商务的计算和存储能力，搭建起高效的会计工作结构和框架，逐渐实现电子商务信息交流的虚拟化和可靠化，有效为相关的消费者和用户提供自动化服务，确保电子商务信息数据的安全性，提高数据中心的效率。同时对第三方支付功能进行可靠的优化改革。通过这样的方式简化会计工作，提高管理性能，促进电商行业的可持续发展。

### （四）提供智能化的电子商务会计服务

电子商务的广泛运行为用户提供了更高的服务性能，智能化服务能够与会计工作的各个环节和信息数据系统进行无缝衔接，为企业的经营管理提供可靠的数据支持，促进企业的经济效益的提升。随着电子商务的进一步发展，代账平台作为智能化电子商务会计服务的主要平台之一，基于互联网技术和大数据技术对会计工作的账、证、表等等业务进行有效的处理，对收账、记账、报税等业务进行全面系统的管理和优化，减轻会计人员的工作负担。同时这样的智能化电子商务还能够对会计处理流程进行简化，对会计管理中的无效行为或不增值活动进行减少，站在全局的角度上，以经济效益和社会效益最大化作为主要目标，优化会计工作和会计流程。

综上所述，电子商务及相关会计从业人员应当加强自身的信息安全防范意识，改善优化电子商务的会计环境，运用现代信息技术，优化技术环境，提供智能化的电子商务会计服务。

# 第八节 依法治国与环境会计发展

为了应对我国目前极为严峻的资源环境发展形势，在宏观上需要法治的规范与保障，在微观上需要环境会计发挥基础计量功能和利益调整与分配功能。依法治国方针表达了我国对生态资源环境治理的重视，对环境会计研究有着引领与推进的重要作用，同时环境会计研究也为依法治国提供基础性作用，二者是相辅相成的。本节回顾了环境会计的发展，分析了依法治国方针与环境会计的互动关系与作用机制，提出了依法治国方针下的环境会计发展的趋势和展望。

生态环境问题关系到国计民生，是人类社会生存和发展的根源，是一切上层建筑的基础。没有良好的生态循环和环境基础，政治、经济和社会的发展将难以持续。为实现全面经济发展、政治清明、文化昌盛、社会公正、生态良好的治理目标，党的十八届四中全会做出了全面推进依法治国重大决策，党的十九大也提出，建设生态文明是中华民族永续发展的千年大计，只有实行最严格的制度、最严明的法治，才能为生态文明建设提供可靠保障。

依法治国方针体现了我国重视和保护生态环境资源的决心："用严格的法律制度保护生态环境，加快建立有效约束开发行为和促进绿色发展、循环发展、低碳发展的生态文明法律制度，强化生产者环境保护的法律责任，大幅度提高违法成本。建立健全自然资源产权法律制度，完善国土空间开发保护方面的法律制度，制定完善生态补偿和土壤、水、大气污染防治及海洋生态环境保护等法律法规，促进生态文明建设。"该方针的提出适应了保护生态和环境的需要，指明了我国依法进行保护环境资源的方向，并指出了法律应为环境保护提供保障、企业应积极承担社会责任、科学研究应为生态文明建设提供基础性支持，这也是环境会计研究的时代课题和探索的发展方向。然而，我国环境会计研究目前发展还相对落后，难以适应当前生态环境保护的需要。因此，根据我国依法治国的宗旨，环境会计的变革与创新迫在眉睫。

# 一、环境会计的产生和发展

会计研究关注环境问题最早开始于 20 世纪 70 年代，学者们开始探讨用会计理论和方法来解决环境问题。20 世纪 90 年代以后，随着科学理论的发展和研究的进步，环境会计的研究开始步入快速发展的阶段，会计学术界对环境会计理论的认识不断深化。环境会计被认为是一种管理工具，能够对资源与环境进行确认、计量，能够反映环境资产和负债的价值变化。此后，会计学者们从理论和实践出发，利用规范研究和实证研究等方式，对环境会计进行了多方面的探讨，在可持续视角、外部性视角、信息披露视角、成本管理视角和行为科学视角均形成了大量的研究成果。

随着研究的深入，我国一些学者开始意识到会计与国家治理、社会进步以及生态文明建设密不可分。著名会计学家杨时展教授阐述了会计理论研究与国家治理的关系，他指出"天下未乱计先乱，天下欲治计乃治"，其中的"计"被学界广泛理解为"会计"，意即欲治理天下，应先治理好会计。杨时展教授高屋建瓴，从哲学和国家兴衰的角度来思考会计问题，为我们当前乃至今后的环境会计研究工作指明了方向。

近年来环境会计研究呈现出蓬勃发展的趋势，取得了较丰富的研究成果。尽管如此，目前环境会计还是没有统一、权威的理论框架。因此，环境会计的发展亟须突破，应该结合我国特殊的制度背景，考虑我国特有的资源和经济环境对环境会计的特定要求，从建设我国生态文明制度的目标出发，推动符合中国实际的环境会计的研究，真正将环境会计研究拓展到环境资源保护、促进生态文明建设等深层次的方面，推动依法治国方针的落实。

## 二、依法治国与环境会计的互动关系与作用机制

依法治国的理念与环境会计的发展之间存在着客观的互动关系和作用机制。一方面，完善的生态环境保护的法律制度和健全的环境保护体系，以及规范的会计制度法规等因素可以促进环境会计信息质量的提高，可以推动环境会计的发展；另一方面，完善的环境会计制度能够促进企业及时有效地披露社会责任信息，通过会计报告反映环境资源的会计信息，能够保障公民的知情权和监督权，能够为依法治国提供基础数据、参考资料和评价依据。因此，依法治国需要环境会计来支持和落实，环境会计需要依法治国来作为引领和保障。

### （一）环境会计在依法治国中的基础性作用

在"新常态"下，依法治国作为经济和社会发展的重要保障，就是要依法对政治利益、经济利益和社会利益进行科学有效的调整和分配。在此过程中，会计必然彰显出基础性作用。环境会计作为一种核算手段和管理工具，可以促进环境保护和治理。从微观层面来看，环境会计可以对企业的环境资产、环境负债、环境损失等方面进行量化，并进行确认和计量；从宏观层面来看，环境会计可以对行业、区域、国家甚至世界的环境资源计量提供数据，并为各项政策方针和法规提供依据。所以，环境会计服务于依法治国，在社会发展中发挥了积极的基础性作用。

### （二）依法治国对环境会计研究的引领作用

首先，依法治国能对环境会计研究提供方向指引和政策导向。依法治国方针内容中的环境治理与保护是国家治理的重要部分，也是保持国家可持续发展的善治状态的根本需求。如果继续追求经济上的高速增长而忽视环境资源的保护和环境法制的建设，整个

社会将偏离和谐健康的轨道。在传统会计理论的基础上，我们需要充分考虑时代的背景和意义，融入与生态环境、经济发展相关的观念，推动我国环境会计研究的发展，适应现代社会高速发展的要求。其次，依法治国能对环境会计提供推动作用和法治保障。全面推进依法治国是一个系统工程，需要全社会各行业共同努力。全面推进依法治国也是国家治理领域一场广泛而深刻的革命，为治国理政打下坚实的基础。依法治国的精髓在于更好地发挥法治的保障和规范作用，为我国和平发展的战略目标奠定更加坚实的制度基础。

一言以蔽之，依法治国与环境会计是相互作用、相辅相成的。为了应对我国目前极为严峻的资源环境发展形势，在宏观上需要法治的指引与保障，在微观上需要环境会计发挥基础计量功能和利益调整与分配功能，二者缺一不可。

## 三、依法治国方针下环境会计发展趋势分析与展望

相对于国际上一些发达国家，我国环境会计的发展相对滞后。究其原因，主要是缺乏明确的政策指引和规范的体系指导，因此一直限制着我国环境会计的发展。庆幸的是，为保护和改善环境，我国政府已经认识到生态环境破坏的危害，并采取了包括修订实施环保法在内的一系列措施，并把环境保护和治理提高到国家治理的高度，在依法治国方针中对生态环境的保护与治理做出了明确的阐述和规范。而且，在理论研究上，新的时代背景和依法治国方针为我国环境会计研究提出了新的挑战，从而引发我们对环境会计研究趋势的新思考。依法治国方针的提出为依法保护和治理生态环境提出了新方向和新要求，也为环境会计研究提出了新思路和新保障。具体来说，依法治国方针对环境会计的发展方向带来了指引和推进作用：

（一）环境资产的确认和计量

依法治国方针提出要建立健全自然资源产权法律制度，这就意味着要求明确自然资源的产权并对其进行资产确认与计量，这给传统会计理论带来了挑战。在传统会计理论中，经济产出仅是经济投入的结果，不包括对自然环境的利用和投入。在我国现有的环境会计研究中，自然资源是否被计入资产范畴也一直未有统一意见。但根据新环保法第一章总则的概念，一些自然资源如大气、水、湿地等也应该计入资产的范畴，体现了学

术界对环境资产定义的一些先进理念。实际上,自然资源与环境不仅仅是作为自然环境和生产条件,还可被视作重要的生产要素,可以被确认和计量,并直接参与经济循环的全过程。所以在环境会计研究中要确认环境资产的内涵和分类,补充和完善传统环境资源的概念,将符合资产条件的自然资源纳入资产范畴,并对其加以确认;同时对不同类别的环境资产应制定资本化或费用化标准,进一步对环境资产进行价值化,综合反映环境资源的信息与价值。

### (二)自然资源资产负债表的编制

自然资源对人类社会的生存和发展而言,是一种不可缺少且非常特殊的资源。如何恰当地对自然资源进行计量和报告,反映其重要的经济价值和社会价值,是当前环境会计研究的重点和难点。我国自从十八届三中全会明确提出探索编制自然资源资产负债表的要求后,国家发改委、财政部等六部委也随即要求,未来成为国家生态文明先行示范区的地区将率先探索编制自然资源资产负债表。尽管自然资源资产负债表与传统会计意义上的资产负债表有着重要的区别,但是会计在编制自然资源资产负债表过程中将起着重要的作用。由于对环境资源的使用对社会带来的影响、造成的生态损失,需要会计的理论和方法来进行基础核算。自然资源资产负债表是建立生态文明法律制度的重要创新,也体现了环境会计对自然资源环境的计量作用和价值功能。

### (三)生态补偿机制的价值核算

为了保持生态环境的可持续发展,依法治国方针明确了要建立完善生态补偿等法律法规。生态补偿机制需要对生态功能价值进行核算,并计算出生态保护成本,考虑生态发展的机会成本等因素,这些问题都需要环境会计的辅助,才能正确反映生态补偿的价值,为生态保护补偿机制提供数据基础和决策依据。最重要的是,我们要认识到生态保护补偿机制是为了保护现有的环境,恢复已被破坏的环境,运用法律手段和制度手段对生态环境进行补偿和恢复,不让生态环境继续被破坏,从而达到保护生态环境的目的。

### (四)融入环境信息的综合报告的披露

强化责任与有效约束离不开企业社会责任报告和环境信息的披露,越来越多的人认识到环境信息披露的重要性,公众对环境的知情权、监督权需要法律法规的保障。因此,要建立健全环境会计信息的披露机制，尤其要披露融入环境信息的综合报告。企业编制和披露融入环境信息的价值报告，是企业可持续发展和我国经济社会文明进步的迫切需要。但目前我国没有统一对企业环境信息披露的要求，所以我国急需建立环境报告体系，将环境信息融入综合报告中，为公众提供及时有效的环境信息。因此我们要将企业社会责任融入现有的对外报告中，相对真实、可靠、全面地反映包括环境影响在内的经营状况及未来发展前景。

### （五）环境成本的控制与管理

依法治国方针要求强化生产者环境保护的法律责任，对违反者要进行严惩。因为我国一直以来违法成本相对较低，一些企业敢于铤而走险，宁愿违反环境保护的法律和条款，也不愿自觉保护环境、承担社会责任。环境会计需要为企业提供环境成本信息，为管理者提供决策支持。对企业而言，降低成本（包括环境成本）是提高利润的方式。所以加大企业污染惩罚成本，企业就会追逐利润导向而重视环境成本管理，例如采用环保的生产方式，研发环保技术与设备等。

除此之外，还有另外一些方向，比如环境负债、环境绩效和社会责任等相关问题，也值得我们进一步探讨，限于篇幅，在此不一一展开。

综上所述，环境会计研究需要为指导环境会计实践服务，更需要为响应国家的环境政策和法规建设服务。依法治国方针的提出和实施以及相关法规的应运而生对环境会计研究提出了更高的要求，也为环境会计提供了法律保障和政策指导。因此，当前我国的环境会计研究需要响应依法治国方针的要求，尽快明确环境资产的确认与计量、探索编制自然资源资产负债表、建立完善环境信息披露体系、助力构建生态保护补偿机制以及推动排放权交易会计制度建设等问题，配合新环保法的实施，以响应国家的依法治国的号召。

# 第三章 会计法律制度体系及改革

## 第一节 会计法律制度体系

为有效地保证市场经济的健康发展，中国政府十分重视会计法规体系建设。改革开放至今，中国的会计法规体系建设取得了令人瞩目的成就，基本形成了以《会计法》为主体的比较完整的会计法律体系。

## 一、我国法律规范的层次

按照法律的构成、制定机关和效力的不同，我国法律可分为下述五个层次。

### （一）宪法

宪法由全国人民代表大会制定。宪法规定了国家的根本制度和根本任务，是国家的根本大法，具有最高的法律效力。

### （二）法律

法律的范围有广义、狭义之分。广义的法律包括所有由国家制定、认可的法律规范，即等同于法；狭义的法律仅指由国家最高权力机关——全国人民代表大会及其常设机构——全国人民代表大会常务委员会制定的规范性文件。此处所讲的法律是狭义的概念，即是由国家最高权力机关及其常设机构制定的规范性文件。它具有仅次于宪法的法律效力，是制定其他规范性文件的基本依据。

## （三）行政法规

它是由国家最高行政管理机关——国务院制定、发布的规范性文件。它通常以条例、办法、规定等具体名称出现。其地位仅次于宪法和法律，是一种重要的法的形式。

## （四）地方性法规

省、自治区、直辖市的人民代表大会及其常务委员会在与宪法、法律和行政法规不相抵触的前提下，可以根据本地区情况制定、发布规范性文件，即地方性法规。根据规定，实行计划单列管理的计划单列市、经济特区的人民代表大会及其常务委员会在宪法、法律和行政法规允许范围内制定的规范性文件，也应当属于地方性法规。

## （五）规章

国务院各管理部门和地方人民政府在其职权范围内依法制定、发布的规范性文件为规章。规章的效力低于宪法、法律和行政法规。

# 二、我国的会计法律制度体系

我国的会计法律制度体系由会计法律、会计行政法规和会计规章构成。

## （一）会计法律

它是调整我国经济生活中会计关系的法律总称，即 1985 年 1 月 21 日第六届全国人大常委会第九次会议通过、根据 1993 年 12 月 29 日第八届全国人大常委会第五次会议《关于修改〈中华人民共和国会计法〉的决定》修正、1999 年 10 月 31 日第九届全国人大常委会第十二次会议修订的《中华人民共和国会计法》。《会计法》对企业的会计核算作了基本规定。该法要求企业根据实际发生的经济业务事项，按照规定确认、计量和记录资产、负债、所有者权益、收入、费用、成本和利润。同时，还对企业容易发生的会计信息失真、失实等作了禁止性规定。比如，规定企业不得虚列、多列、不列或少列资产、负债和所有者权益；不得虚列或隐瞒收入，不得推迟或提前确认收入；不得编造虚假利润或者隐瞒利润；不得随意改变费用、成本的确认标准或者计量方法。

### （二）会计行政法规

它是指调整我国经济生活中某些方面会计关系的法律规范。会计行政法规由国务院制定发布，或者由国务院有关部门拟定经国务院批准发布，制定依据是《会计法》，如《企业财务会计报告条例》。国务院制定发布的《企业财务会计报告条例》是对《会计法》中有关财务会计报告的规定的细化。该条例要求企业负责人对本企业的财务会计报告的真实性和完整性负责；强调任何组织或者个人不得授意、指使、强令企业编制和对外提供虚假的或者隐瞒重要事实的财务会计报告；规定有关部门或机构必须依据法律法规，索要企业财务会计报告。此外，该条例还对违法违规行为应承担的法律责任作了明确规定。

### （三）会计规章

它是指由主管全国会计工作的行政部门——财政部就会计工作中某些方面的内容所制定的规范性文件。国务院有关部门根据其职责制定的会计方面的规范性文件，如实施国家统一的会计制度的具体办法等，也属于会计规章，但必须报财政部审核批准。会计规章的制定依据是会计法律和会计行政法规。企业会计准则和会计制度是根据《会计法》和《企业财务会计报告条例》拟定的用于规范企业会计核算的标准，是由财政部制定公布的。

# 第二节 《会计法》的地位、作用及改革的主要内容

1985 年 1 月 21 日，第六届全国人民代表大会常务委员会第九次会议通过了《中华人民共和国会计法》，自 1985 年 5 月 1 日起施行。1993 年 12 月 29 日，第八届全国人民

代表大会常务委员会第五次会议通过了《关于修改〈中华人民共和国会计法〉的决定》，自公布之日起施行。1999 年 10 月 31 日，第九届全国人民代表大会常务委员会第十二次会议再次对《会计法》进行了修订，并发布了第二十四号主席令予以公布，自公布之日起施行。认真学习贯彻《会计法》，对于规范会计行为，保证会计资料真实、完整，充分发挥会计工作在加强经济管理和财务管理、提高经济效益、维护社会主义市场经济秩序中的作用，具有十分重要的意义。

# 一、《会计法》的地位及作用

《中华人民共和国会计法》简称《会计法》，是会计工作的根本大法，是我国会计法规体系的最高层次。其第八条规定："国家实行统一的会计制度。国家统一的会计制度由国务院财政部门根据本法制定并公布。"

我国会计工作存在着会计信息失真、会计基础工作和内部控制制度亟待进一步加强、单位负责人违法干预会计工作等问题。《会计法》针对上述问题，以法律的形式规范会计行为，使会计工作有法可依，保证会计信息的真实、完整，保证会计核算的质量，加强经济管理和财务管理，提高经济效益，维护社会主义市场经济秩序。《会计法》的实施，对于促进经济的持续发展，加强经济管理，提高经济效益，防止腐败，保持廉洁有着十分重要的意义。

## （一）会计工作规范化，必将保证会计核算质量

《会计法》不仅对会计基础工作逐条逐项加以规范，而且对公司、企业会计核算提出特别要求，使所有单位的会计处理不再随心所欲，使经济业务事项当事人时时刻刻处于法律规定的"为"则为、"不为"则不为的要求之中，从而使会计工作有法可依，保证会计核算的质量。

## （二）会计监督体系化，必将维护经济建设正常秩序

内部监督、国家监督、社会监督构成了《会计法》中完整的会计监督体系。监督者必先受监督。《会计法》对监督者提出了"依法监督"的严格要求及其他应该履行的种

种义务，体现了监督者和被监督者在实施监督过程中的平等地位，必然会发挥会计监督的强大作用，给违法乱纪者以强有力的遏制，从而维护社会主义市场经济的正常秩序。

### （三）责任主体一元化，必将使会计工作更加顺畅

《会计法》把单位负责人作为单位会计工作的责任主体，并且在附则中对单位负责人的概念加以明确界定。单位负责人贯彻执行会计法，加强对会计工作的领导，使企业财务工作更加规范。

### （四）会计打假强硬化有利于解决会计信息失真的问题

《会计法》第一条就提出"保证会计资料真实、完整"，把会计资料的真实、完整作为立法宗旨。会计资料真实、完整的对立面是会计资料的虚假。《会计法》条款中渗透着打击虚假会计资料的威严。

### （五）法律责任具体化，使违规、违法者自食其果

《会计法》在法律责任方面的规定既有对会计人员违规、违法行为的惩治条款，也有对单位负责人违法行为的惩治条款，还有对财政部门及有关行政部门工作人员违法行为的惩治条款。这些条款具体、明确、严格，具有极强的针对性和可操作性，无疑是挡在违法乱纪者面前的屏障，倘若有人自不量力，必将受到法律的严厉惩罚。

### （六）会计人员的知识复合化，有利于提高会计队伍的素质

《会计法》把会计人员的职业道德和继续教育问题列入了法律条文，规定了对会计人员的保护条款，说明党和国家对会计队伍建设的重视。会计人员在社会主义市场经济建设过程中任重道远，《会计法》中有关规定，必将使会计人员加强职业道德修养，提高专业知识水平和相关知识水平，提高政治素质，使更多复合型会计人才脱颖而出，迅速建设起一支高素质的会计队伍。

### （七）会计工作国际化，必将有利于参加国际竞争

《会计法》在许多方面采用了国际惯例，使我国会计工作向国际会计准则靠拢。《会

计法》将推动我国会计工作在改革中发展，在国际竞争中崭露头角。

## 二、《会计法》改革的主要内容

2017 年 11 月 4 日，第十二届全国人民代表大会常务委员会第三十次会议通过关于修改《会计法》的决定，取消了原第三十八条"从事会计工作的人员，必须取得会计从业资格证书"的规定，取而代之为"会计人员应当具备从事会计工作所需要的专业能力"，同时对涉及会计从业资格证书的第三十二条、第四十条、第四十二条、第四十三条、第四十四条规定也做了修改。笔者认为，会计从业资格取消后，仍要重视继续教育工作。

为贯彻落实《会计法》有关"会计人员应当遵守职业道德，提高业务素质。对会计人员的教育和培训工作应当加强"的规定，2017 年财政部下发了关于征求《会计专业技术人员继续教育规定》意见的通知，拟再次对此规定进行修订。笔者认为，由政府财政部门主导的《会计人员继续教育规定》应取消，但取消该规定，不是说会计人员就不用参加继续教育，不需要进行知识更新，而是更要强化学习培训，以适应未来会计工作发展的需要。

是现行会计人员继续教育是由各省、自治区、直辖市、计划单列市财政厅（局）负责本地区会计人员继续教育管理，组织本地区会计人员继续教育培训的，会计人员参加继续教育采取的是学分制管理制度，每年参加继续教育取得的学分不得少于 24 分。从笔者参加每年所属地财政部门组织的继续教育培训来看，不同行业的会计人员在同一班参加的培训，学习内容一样，导致学习兴趣不高。

二是会计人员参加继续教育学习后，通过了从业资格证的年审，企业认为既然通过了继续教育考试，已达到知识更新效果，就不需要再参加其他继续教育学习。

"互联网+"会计教学将作为一种现代化的教学手段，被广泛应用到会计教育教学中，成为会计教育教学的一种必不可少的重要教学手段。

因此，建议对《会计法》第三十九条修改为"会计人员应当遵守职业道德，参加所在单位组织的教育和培训，提高业务素质"。

# 第三节 《企业财务会计报告条例》的颁布及主要突破点

企业财务会计报告，是指企业对外提供的反映企业某一特定日期财务状况和某一会计期间经营成果、现金流量的文件。它所提供的信息，对于国家实施宏观调控、进行投资决策、加强经济管理和经济监督具有重要作用。但是，在实践中也存在着会计信息不受重视、企业财务会计报告形同虚设的问题。为了规范企业财务会计报告的编制，保证会计资料真实、完整，加强经济管理和财务管理，提高经济效益，维护社会主义市场经济秩序，2000年6月21日，国务院以第287号令的形式发布了《企业财务会计报告条例》，自2001年1月1日起在全国范围内实施。

## 一、《企业财务会计报告条例》的颁布

自1992年以来，我国在财务会计制度方面进行了重大改革，相继发布了《企业会计准则》《企业财务通则》以及13个行业的财务会计制度，并自1993年7月1日起开始实施。这些会计核算制度的改革，初步实现了我国会计核算模式从传统计划经济模式向社会主义市场经济模式的转换，为建立社会主义市场经济体制、促进经济发展，为深化财税改革、建立规范的财政管理体制和运行机制，进一步扩大对外开放做出了重大贡献。但是，随着改革的深化和社会主义市场经济的发展，新的经济业务不断出现，上述会计核算制度的改革已经难以适应企业会计核算的变化和国家加强宏观经济调控的需要，因此，需要制定《企业财务会计报告条例》予以规范。

### （一）健全和完善会计法规体系，需要制定《企业财务会计报告条例》

1993年以来，围绕会计核算制度改革，我国对企业的财务会计核算制度进行了重大调整，并对会计基础工作、会计档案、代理记账、在职会计人员培训、会计证、会计电算化等问题制定了一系列规章、制度，基本实现了会计工作的有法可依；一些地方人大常委会、政府部门也根据当地会计工作实际情况，制定了地方性会计法规。例如，1994年6月，财政部发布了《代理记账管理暂行办法》，对不具备专职会计人员的小型经济

组织和应当建账的个体工商户的建账问题做出了规定；1996 年 6 月，财政部发布了《会计基础工作规范》，对所有独立核算单位的会计机构设置、会计人员配备、会计凭证填制、会计账簿登记、会计报表编制、会计监督、内部管理制度建设等做出了具体规定；1998 年 1 月，财政部印发了《会计人员继续教育暂行规定》，从制度上确定了会计人员继续教育的指导思想、主要任务、管理体制、教育内容、教育形式、检查与考核等，使我国会计人员继续教育工作走向了法制化轨道。与此同时，根据经济生活中出现的新问题，对会计核算制度进行了不断的修订和完善。例如，根据税制改革的内容，颁布了有关所得税、增值税会计处理的规定；汇率并轨后，相应补充完善了会计核算制度的有关内容；为适应企业集团加强会计管理的需要，制定了适用于所有企业的合并会计报表暂行规定；为适应股份有限公司会计核算的特殊性，制定了股份有限公司会计制度。

1999 年 10 月 31 日修订、发布，并自 2000 年 7 月 1 日开始实施的《会计法》，明确规定企业财务会计报告由会计报表、会计报表附注和财务情况说明书构成，并对企业财务会计报告的编制要求、编制依据、提供对象和提供期限等做了总体要求；为配合《会计法》的实施，规范企业财务会计报告的编制和提供，作为其配套法规之一，需要制定相应的《企业财务会计报告条例》。

## （二）提高会计信息质量，需要重新定义企业财务会计报告要素

管理就是决策，而决策离不开信息，尤其是高质量的会计信息。无论是政府经济管理部门制定经济政策、进行宏观调控，还是股东、银行等投资者选择投资对象、衡量投资风险，都离不开会计信息的指导。但是，近年来，我国企业的财务会计工作在一定程度上存在着会计报告编制基础不实、资产利润数据虚假、报告报送不及时、违法行为处理不力等问题，导致假账泛滥、会计信息失真问题日益严重。前些年巴林银行倒闭、东南亚金融危机、阿尔巴尼亚风波、墨西哥风波等，确实给我们敲响了警钟，数字失真给国家的经济生活带来的危害，绝对不可低估，万万不可忽视。

现行行业会计制度在资产、负债、收入、费用的确认和计量方面有悖于会计原则，造成资产不实、虚盈实亏，也是会计信息失真的重要原因之一。1993 年以来的会计核算制度改革，虽然在企业财务会计报告要素方面进行了一些调整，但是并不彻底，在某些方面还保留有计划经济体制的痕迹，无论是对企业财务会计报告要素的定义，还是对会计核算制度的改革，都较多地站在国家的角度规范企业的会计核算行为，没有完全按照企业财务会计报告要素的性质、内涵加以准确定义并进行相应规范。要确保企业财务会

计报告提供的信息真实和完整,就必须重新定义资产、负债、所有者权益、收入、费用和利润等企业财务会计报告要素,要求企业对会计要素进行正确的确认和计量。对于那些不符合会计要素定义,不符合会计要素确认和计量标准的项目,不能在企业财务会计报告中加以反映。例如,在技术上已经被淘汰的机器设备,残次、陈旧的存货,由于实物依然存在,所以现行行业会计制度继续将其在资产负债表中确认为资产,但是,它实际上已经不能为企业带来未来经济利益,所以不应继续将其在资产负债表中确认为资产。

(三)经济生活中出现许多新的经济业务,需要制定《企业财务会计报告条例》进行规范

会计工作是与特定经济体制密切联系在一起的。有什么样的经济体制和经济运行机制,就需要有什么样的会计政策及与其相联系的会计指标体系。当然,社会、文化、习俗、经济发展水平等因素也会对会计产生重大影响,而经济体制因素是最重要的。在改革开放以前,中国原有的会计核算模式是直接与计划经济体制相适应的。其主要特征是:没有独立的会计政策,资产计价、收益确认基本上取决于国家计划和财政政策。财政政策决定财务制度,财务制度决定会计确认和计量,会计仅仅是按照财务制度的规定进行账务处理。这就是通常所说的"计划决定财政,财政决定财务,财务决定会计"的运行机制。在这种运行机制下,会计制度片面服从国家计划和财政财务政策,会计制度本身缺乏科学性,许多会计政策不能真实反映一个企业的财务状况和经营成果,造成企业资产不实、虚盈实亏;按所有制和行业分别制定会计制度,影响了会计信息的可比性;会计核算指标体系也不能适应市场经济条件下企业运行机制的要求。

随着市场经济的发展,企业由原来的国家拨款改为向银行贷款或从社会上直接融资,上市公司越来越多,我们还在讨论股票是资本主义的还是社会主义的;期货业务、企业破产、企业合并、债务重组、或有事项等新的经济业务已经出现,其中,企业合并、债务重组等业务还很多;此外,许多新兴的行业,如广告业、咨询业、社会办学办企业、高科技企业、网络公司等,无法从现有行业会计制度中找到其适用的会计制度。如果不制定新的会计法规进行规范,企业财务会计报告所提供的信息就不真实、不完整,就会误导投资者、债权人以及其他社会公众,导致经济秩序混乱。

（四）所有权与经营权的进一步分离、所有者的多元化，尤其是私人资本的介入，对会计核算提出了新的要求，需要制定《企业财务会计报告条例》进行规范

改革开放以前，我国的企业主要是国家所有和集体所有，公有制占绝对优势。在这种情况下，企业经营者的主要目标是完成国家下达的各项计划指标，对企业财务并不十分关心。企业会计的主要任务是按照国家统一的会计制度进行会计核算，向国家提供企业财务会计报告。

党的十一届三中全会以来，我们党制定了以公有制为主体、多种经济成分共同发展的所有制结构政策，出现了公有制实现形式多样化和多种经济成分共同发展的格局。为了进一步完善我国的所有制结构，一方面要大力发展包括国有经济、集体经济、混合所有制经济中的国有成分和集体成分在内的公有制经济；另一方面，要按照"产权清晰、权责明确、政企分开、管理科学"的要求，对国有大中型企业实行规范化的公司制改造，对国有企业实行改组、改造，使企业成为适应市场竞争要求的法人实体和竞争主体。所有制结构调整和完善以及私人资本的介入对企业财务会计报告的影响是多方面的。例如，在进一步完善和发挥企业财务会计报告所提供的会计信息服务职能时，不仅需要考虑国家对国有企业的管理要求和信息需求，也需要注意满足对集体企业、混合所有制企业以及其他非公有制经济的管理要求和信息需求，提高不同所有制企业之间会计信息的可比性。又如，在国有企业改组、改造中，要通过科学合理地评估国有资产、及时解决与企业兼并、租赁、破产等有关的会计问题，切实规范国有企业改革秩序，严格保护国有资产的安全，保证国有资产不致流失。所有这些问题，都需要制定《企业财务会计报告条例》进行规范。

（五）政府部门的职能转变给会计改革提供了可能，进而为制定《企业财务会计报告条例》提供可能

改革开放以前，我国政企不分，企业是政府的基层组织，企业财务处理要视政府财政状况的好坏，不能真实反映企业盈亏。改革开放以后，政企分开，企业要成为独立的商品生产者和经营者，自主经营，自负盈亏。国家主要负责宏观调控，宏观管理。从税制改革看，改革开放以前，会计政策和税收政策直接由国家财政政策决定，会计改革必

然影响税收收入，进而影响国家财政收入，因此，会计改革几乎是不可能的。现在，财务会计、税务会计已经分离，税务上对资产计量和收入确认有自己的一套标准，企业在纳税时进行调整，会计改革不会影响财政收入。因此，会计改革有了可行性。

总之，会计法规体系的不断完善、会计信息质量的提高、所有制结构的变化和投资主体的多元化、筹资活动的多样化、政府部门职能的转变等，使得企业财务会计报告所提供的会计信息越来越成为社会各界关注的焦点，管理者、投资者、债权人、社会公众以及政府部门在改善经营管理、评价财务状况、考核经营业绩、做出投资决策、加强宏观调控等方面都注重运用企业财务会计报告所提供的会计信息，从而引起社会对会计信息在时效、范围、质量等方面的需求大大增加。与此相适应，规范会计信息生成、披露的标准必须做相应的调整。对这些内容，都需要以法律形式规定下来，以规范会计行为，适应经济改革与发展的要求。所以，随着社会经济环境的变化和发展，需要不断完善会计法律制度，尤其需要不断完善作为我国会计工作根本大法《会计法》的配套法规，以保证会计工作紧紧适应社会经济发展的要求，为社会经济发展服务。

## 二、《企业财务会计报告条例》的主要突破点

### （一）突出了规范企业财务会计报告、保证企业财务会计报告真实、完整的宗旨

企业财务会计报告的真实性，是指企业财务会计报告要真实地反映经济业务事项的实际发生情况，不能人为地扭曲，以使企业财务会计报告使用者通过企业财务报告能了解有关企业实际的财务状况、经营成果和现金流量。企业财务会计报告的完整性，是指提供的企业财务会计报告要符合规定的格式和内容，不得遗漏或者任意取舍，以使企业财务会计报告使用者全面地了解有关单位的整体情况。

会计的基本职能是进行会计核算、实行会计监督。随着我国改革开放的深入和社会主义市场经济的发展，会计工作越来越渗透到经济活动的许多领域，企业财务会计报告也越来越成为政府管理部门、投资者、债权人以及社会公众进行宏观调控、改善经济管理、评价财务状况、防范经营风险、做出决策的重要依据，企业财务会计报告作为重要的社会资源和"商业资源"在社会经济发展和对外开放中发挥越来越重要的作用。可以

说，企业财务会计报告是否真实、完整，是衡量会计工作质量的标准；保证企业财务会计报告真实、完整，是会计工作的生命。所以，《会计法》也将"保证会计资料真实、完整"作为其立法宗旨。

### （二）重申企业负责人对本企业财务会计报告的真实性、完整性负责

企业负责人，是指企业法定代表人或者法律、行政法规规定代表企业行使职权的主要负责人。单位负责人应当对本企业财务会计报告的真实性、完整性负责。企业负责人在不同的单位，其所指有所不同，如在国家机关，是指其最高行政官员；在社会团体、企业、事业单位，是指其法人代表等。就企业而言，无限责任公司的负责人即为其执行义务人或者代表公司的股东；有限责任公司和股份有限公司的负责人为公司董事长，其中，有限责任公司如果不设董事会的，则执行董事为公司负责人；我国国有企业的负责人为厂长（经理）；此外，公司、企业的清算人、股份有限公司的发起人等，在其职务范围之内，亦为公司、企业负责人。需要说明的是，此处所指的企业负责人，并不是指具体负责经营管理事务的负责人，如公司制企业的总经理等。但这并不表明，公司总经理对本企业的财务会计报告没有责任。

规定企业负责人对本企业财务会计报告的真实性、完整性负责，抓住了矛盾的关键，有利于从根本上解决造假账屡禁不止的问题。企业负责人代表企业依法行使职权，应当对本企业的一切事务，也包括企业财务会计报告的编制和提供负责。大量的调查事实证明，只有企业负责人才能真正对会计工作负得起责任。因为企业财务会计报告是一个企业经营成果的综合反映，是体现一个企业经营状况好坏、生存和发展能力好坏的晴雨表，它不只是某方面工作的反映，而是对企业的综合反映，所以，只有企业负责人才能负得起这个责任，也应该负这个责任。假如某企业因生产假冒伪劣商品给消费者造成重大伤害并被消费者起诉，企业负责人作为被告单位的法定代表人应当承担相应责任，绝不能以该商品不是他本人亲自生产等理由推脱责任，法院也不能断定此理由能够成立。企业负责人对本企业财务会计报告的责任，也是如此。同时，通过调查也发现，如果不让企业负责人对本企业的财务会计报告负责，很容易把企业会计人员摆在企业负责人的对立立场上。大家知道，现在的企业，尤其是民营企业，很多都是老板说了算，被雇人员是"端人家的碗，服人家的管"，一般不可能和老板唱对台戏。在实际工作中也发现很多会计人员因坚持原则而受到打击报复，"站得住的顶不住，顶得住的站不住"。会计人员除了有挪用公款等个人行为外，很少有作假的利益动机。而企业经营业绩好坏则是与企

业负责人息息相关的。会计人员一般不会主动作假，大多数还是企业负责人在指使他们作假，这是实际情况。

也许会有人认为，会计工作是一项技术性比较强的工作，有其专门的方法，企业负责人不一定是搞会计工作的，有的是工程技术人员出身，有的是搞行政的，还有的是搞人事的，对本企业财务会计报告负责有点强人所难，觉得不合适。对此疑问应具体问题具体分析，会计工作与单位内部的产品生产、质量管理、安全管理等工作一样，都是在企业负责人的统一指挥、授权、控制、监督下进行的，也都不是企业负责人一人包办代替的。对会计工作和企业财务会计报告的编制和提供而言，企业负责人有责任和义务领导、组织并有效实施一整套内部规章制度，特别是内部控制制度，保证会计工作的主要过程、环节在严密的监控之下有序进行，进而保证企业财务会计报告的质量。在实际工作中，如果没有企业负责人的同意或默许，是不会发生会计人员或其他人员擅自编制虚假的企业财务会计报告等情况的。从一些会计工作做得比较好的企业看，企业负责人都非常重视会计工作。可以说，企业负责人保证企业财务会计报告的质量，不单纯是技术问题，更重要的是管理问题。如果企业负责人没有指使造假的意图，并切实加强内部管理和有效控制，企业财务会计报告的质量是不难保证的。所以，《会计法》也明确规定："单位负责人对本单位的会计工作和会计资料的真实性、完整性负责。"

《企业财务会计报告条例》重申企业负责人对本企业财务会计报告的真实性、完整性负责，并不是要求企业负责人事必躬亲、直接代表会计人员办理会计事务；而是要求企业建立健全有效的内部控制制度、内部制约机制；明确会计工作相关人员的职责权限、工作规程和纪律要求；并通过正常途径了解上述制度的执行情况和会计工作相关人员履行职责情况，保证使企业负责人的意志在各个环节得以落实，保证会计工作相关人员按照经企业负责人认可的程序、要求办理会计事务。从某种程度上说，企业负责人与会计人员之间对会计行为和会计资料质量的责任划分，应当是企业内部的委托授权关系，由企业负责人通过制定内部规章制度予以明确并督促落实。有关法律规定，企业负责人可以书面约定，授权其代理人行使企业负责人的有关职权；但企业负责人应当对其代理人在授权范围内的行为承担责任。比如，企业负责人可以将应由其履行的法定会计事务（如内部规章制度、委托书等）书面委托其他人员，如经营负责人（经理）、总会计师、会计机构负责人等行使，并明确责任。代理人如有违反，企业负责人可以按内部规章有关规定予以处理，但企业负责人仍是本企业财务会计报告的责任主体。

## （三）再次强调企业负责人在对外提供的企业财务会计报告上签名并盖章，承担相应法律责任

《企业财务会计报告条例》再次强调企业负责人在对外提供的企业财务会计报告上签名并盖章，目的是督促签章人对企业财务会计报告的内容要严格把关并承担责任，这是督促有关负责人对企业财务会计报告内容认真负责的一种程序上的措施，明确企业负责人是本企业对外提供企业财务会计报告的责任主体，依法代表企业行使职权，应当对本企业对外提供的企业财务会计报告的质量负责。如果责任主体不明确或者责任主体过多，就会造成无法追究责任，有可能发生签章人员之间相互推脱责任的现象。这里之所以强调企业负责人在对外提供的企业财务会计报告上签名并盖章，主要是针对实务工作中许多企业负责人认为在企业财务会计报告上签名、盖章是一种手续，是一种程序上的规定，甚至认为是一种多余的手续。在这一认识支配下，许多企业负责人为图省事，干脆将个人印章放在会计机构，由会计人员在对外提供的企业财务会计报告上直接盖上企业负责人的印章。但是，当本企业的财务会计报告因内容虚假被追究其责任时，企业负责人往往以"会计人员负责会计核算和会计监督，报表是会计人员编的，我不懂会计，我不负责任"等理由推脱；会计人员也往往感到很委屈、困惑，认为"是领导让我这样编报表的，领导也在报表上签章了，为何让我承担责任"。单位负责人的借口、会计人员的困惑以及造假账等问题屡禁不止的现象，都说明这种会计责任制度是不科学和不切合实际的。为了彻底解决此问题，《会计法》明确规定，财务会计报告应当由单位负责人和主管会计工作的负责人、会计机构负责人（会计主管人员）签名并盖章。基于此，《企业财务会计报告条例》再次强调，企业对外提供的财务会计报告应由"企业负责人和主管会计工作的负责人、会计机构负责人（会计主管人员）签名并盖章"。

## （四）严格界定了企业财务会计报告的要素

1993 年进行的会计核算制度改革，虽然对企业财务会计报告要素的定义以及会计核算制度等各方面都做了较大的改革，但是，改革并不彻底，体现在企业财务会计报告的要素方面，主要就是没有完全按照企业财务会计报告要素的性质、内涵加以准确的定义，因此，在理论和实践中都产生了许多问题。例如，1993 年 7 月 1 日开始实施的《企业会计准则》将资产定义为："资产是企业拥有或者控制的能以货币计量的经济资源，包括

各种财产、债权和其他权利。"这一定义，忽略了作为企业资产应当具备的最基本性质，即"预期会给企业带来经济利益"。按照这一定义，在实务中产生的主要问题是：无论企业拥有或者控制的资源能否给企业带来经济利益，只要其实物形态存在，均作为企业的资产，从而造成实际工作中已经损失了的资源仍反映在企业的资产负债表中。例如，技术上已经被淘汰的机器设备，残次、陈旧、冷背的存货，它们已经不能继续为企业带来经济利益，但因符合资产的定义，并且在实物形态上仍然存在，因此，其价值仍然反映在企业的资产负债表中，造成企业虚增资产、虚增利润，对外提供的企业财务会计报告也失去真实性。

为此，《企业财务会计报告条例》将资产定义为："资产，是指过去的交易、事项形成并由企业拥有或者控制的资源，该资源预期会给企业带来经济利益。"它具有以下三个特点：第一，资产能够直接或间接地为企业带来经济利益；第二，资产都是为企业所拥有，或者即使不为企业所拥有，但也是为企业所控制的；第三，资产都是企业在过去发生的交易、事项中获得的。按照这一定义，在技术上已经被淘汰的机器设备，残次、陈旧的存货，虽然实物形态仍然存在，但它实际上已经不能再用于产品生产，不能为企业带来经济利益，所以，不应在企业的财务会计报告上确认为资产。

再如，1993年7月1日开始实施的《企业会计准则》将收入定义为："收入是企业在销售商品或者提供劳务等经营业务中实现的营业收入，包括基本业务收入和其他业务收入。"同时还规定了收入确认原则："企业应当合理确认营业收入的实现，并将已实现的收入按时入账。企业应当在发出商品、提供劳务，同时收讫价款或者取得索取价款的凭据时，确认营业收入；长期工程（包括劳务）合同，一般应当根据完成进度法或者完成合同法合理确认营业收入。"这一定义及收入确认原则，着眼于发出商品、提供劳务、收取货款或取得索取货款的权利，以此来判断收入是否已经实现。这主要从形式上进行判断，没有考虑与商品所有权有关的风险和报酬是否真正转移，这一确认标准不能涵盖所有与收入有关的业务中对收入的确认，导致有些企业虚拟收入、提前或推后确认收入等。为此《企业财务会计报告条例》将收入定义为："收入，是指企业在销售商品，提供劳务及让渡资产使用权等日常活动中所形成的经济利益的总流入。收入不包括为第三方或者客户代收的款项。"它具有以下四个特点：第一，收入是从企业的日常活动中产生的，而不是从偶发的交易或事项中产生的；第二，收入可能表现为企业资产的增加，也可能表现为企业负债的减少，或者二者兼而有之；第三，收入将引起企业所有者权益的增加；第四，收入只包括本企业经济利益的流入，不包括为第三方或者客户代收的款项。这一定义及收入确认原则，着眼于商品所有权上的主要风险和报酬已经转移；对售出的商品不再实施控制、与交易相关的经济利益能够流入企业、相关的收入和成本能够可靠地计量等，以此来判断收入是否可以确认，更注重交易的实质而不是形式。相对于现行行业会计制度而言，《企业财务会计报告条例》对资产、负债、所有者权益、收入、费用、利润等企业财务会计报告要素的严格界定，是我国企业财务会计报告规范方面的一个重大的突破。

（五）规定了企业财务会计报告使用者的行为

在传统的计划经济体制下，由于国家是企业的唯一投资者，是企业财务会计报告的唯一使用者，由代表国家的各个主管部门向企业索要企业财务会计报告已为人们所接受，企业按照国家规定向各个主管部门报送企业财务会计报告也是天经地义的。在市场经济体制下，企业的投资者众多，除了国家外，还包括国内个人股东、外商等。此外，企业除了接受投资者的投资外，还通过发行债券、向银行借款等方式筹措资金。各有关投资者、债权人或业务伙伴从各自利益出发，需要企业向其提供企业财务会计报告。由于企业财务会计报告使用者不再只是原企业主管部门、财政部门、开户银行等，所以，企业在对外提供财务会计报告时，有时会受到外界因素的干扰，甚至会影响企业所提供财务会计报告的真实性和完整性。为此，《企业财务会计报告条例》除规定了企业的财务会计报告行为外，也对企业财务会计报告使用者的行为进行了规范：有关部门或者机构依照法律、行政法规或者国务院的规定，要求企业提供部分或者全部财务会计报告及其有关数据的，应当向企业出示依据，并不得要求企业改变企业财务会计报告有关数据的会计口径。非依照法律、行政法规或者国务院的规定，任何组织或者个人不得授意、指使、强令企业编制和对外提供虚假的或者隐瞒重要事实的财务会计报告；任何组织或者个人不得授意、指使、强令企业违反本条例和国家统一的会计制度规定，改变财务会计报告的编制基础、编制依据、编制原则和方法；接受企业财务会计报告的组织或者个人，在企业财务会计报告未正式对外披露前，应当对其内容保密。

# 第四节 企业会计核算制度体系及改革

提高会计信息质量是我国当前会计工作的中心任务。继新《会计法》和《企业财务会计报告条例》颁布实施后，财政部于 2000 年末对《现金流量表》《投资》《非货币性交易》等 5 个具体会计准则进行了修订，同时发布了《租赁》《借款费用》《无形资产》3 个具体会计准则和《企业会计制度》；在 2001 年发布了《债务重组》和《非货币性交易》2 个具体会计准则。新准则和《企业会计制度》是按照会计要素的科学定义，借鉴国际会计的最新惯例，在分析总结我国会计核算薄弱环节的基础上加以完善后制定发布的。它是贯彻实施新《会计法》和《企业财务会计报告条例》的重要步骤，也是完善我国的会计核算制度体系、统一会计核算标准、提高会计信息质量的具体措施，标志着我国新一轮企业会计改革高潮的到来。

## 一、建立国家统一会计核算制度的必要性

从 1992 年下半年起，财政部在企业财务会计方面进行了重大改革，相继发布了《企业会计准则》《企业财务通则》以及 13 个行业的财务会计制度，并从 1993 年 7 月 1 日起开始实施。"两则两制"的发布实施，在社会各界和国际会计界产生了极大反响，初步实现了我国企业会计核算模式从传统计划经济模式向社会主义市场经济模式的转换，对市场经济的健康发展起到了基础性的作用，为我国企业会计制度与国际会计惯例接轨创造了条件。但是，随着我国社会主义市场经济的全面推进，尤其是企业制度改革的深化，以及国际经济一体化进程的加快，"两则两制"及其补充规定的不适应性逐渐显现出来。加快改革步伐，尽快建立国家统一的会计核算制度显得十分迫切。

（一）企业经营环境的改变，迫切要求加快会计核算制度改革

"两则两制"实施以来，各项经济改革措施全面推进，企业经营环境发生了巨大变化。从企业的所有制形式到企业的经营方式，从政府对企业管理的直接管理模式到政府转向为企业营造良好的竞争环境，从企业主要以间接方式融资到企业直接在证券市场融

资等，都为此做了清晰的注解。与之不协调的现象是，除股份有限公司外，其他企业仍然执行着"两则两制"。而"两则两制"与社会主义市场经济发展之间存在着明显的不适应性。第一，没有考虑不同企业所处的商业环境，过分强调统一，缺乏应有的灵活性。比如，坏账准备只能按照国家统一规定的比例（一般为3‰～5‰）提取，不能多提，也不能少提；这与企业经营的实际情况是相脱节的。现实中，不同企业所处的行业特点往往不同，所处的商业环境也可能不一样，其债权所对应的债务人的信用状况、偿债能力也就可能不同，那么采用统一的比例提取坏账准备就是不合适的。第二，过于主观，没有考虑市场变化对企业的影响。比如资产计量的会计政策，要求企业按取得成本作为其入账价值。之后，即使资产的价格发生较大不利波动，或资产为企业创造经济利益的能力受到重大不利影响也不要求调整，从而出现高估资产、虚增利润的现象。第三，不能充分揭示企业面临的风险。在计划经济条件下，企业是国家的，企业生产所需原料由国家提供，企业生产的产品由国家统一销售，没有风险可言。在社会主义市场经济条件下，这种情况已发生变化。相应地，会计政策规定应充分考虑这种变化，应要求企业充分地揭示其生产经营所面临的风险，使企业会计信息使用者获得真实、有用的信息。从这个意义上讲，深化会计核算制度改革是非常必要的。

## （二）增强会计信息可比性，提高会计信息质量，需要推进会计核算制度改革

多样化是当前会计标准的一个特征，既有适用股份制企业的《股份有限公司会计制度》，也有适应外商投资企业的《外商投资企业会计制度》、适应个体工商户的《个体工商户会计制度》；既有分行业的会计制度，也有分业务的会计核算办法；既有独立完整的会计核算制度，也有多项会计制度补充规定；既有会计核算制度，还有具体会计准则。而且，对于某些经济业务，不同会计标准所规定的处理方法之间还存在差别。因此，不可避免地导致适用不同会计标准的企业之间的会计信息具有不可比性。此外，企业集团经营模式往往并不单一，一个企业集团内部，多种所有制并存、经营跨多个行业的情况并不少见。在这种情况下，企业集团要选择适当的会计标准进行会计核算，往往显得无所适从；在合并会计报表时，由于采用多样化的会计标准，调整工作量通常巨大。即使最后编制了合并会计报表，其传递的会计信息的真实性和有用性也是值得怀疑的。因此，对现行分行业的会计核算制度进行合并，取消按所有制性质制定的会计核算制度势在必行。

（三）顺应加入 WTO，全面推进我国会计与国际惯例协调，需要改革会计核算制度

近年来，国际经济一体化趋势在迅猛发展，一国的经济要发展，必须融入国际经济潮流。积极申请加入 WTO，是我国经济融入国际经济的重要体现。加入 WTO，要求我国的会计标准在主要方面要与国际惯例相协调。一方面便于外国投资者更好地了解我国企业的财务状况、经营成果和发展潜力，另一方面也使我国的企业易于在国际证券市场筹措资金。目前，除股份有限公司采用的会计核算制度在会计要素确认、计量和披露方面与国际惯例比较协调外，其他公司或企业尤其是国有企业所采用的会计核算制度与国际惯例相比，还有较大差距。比如，资产计价标准、风险揭示程度等。这说明，我国会计标准与国际会计惯例协调的空间还是比较大的，有必要进行会计核算制度改革。

## 二、企业统一会计核算制度的创新内容

### （一）注重资产质量

#### 1. 要求计提资产减值准备

这次出台的《企业会计制度》最可圈可点的，当数稳健原则的贯彻实施，在计提资产减值准备方面，稳健原则更是体现得淋漓尽致。《企业会计制度》借鉴第 36 号国际会计准则和美国财务会计准则委员会（FASB）第 121 号准则公告关于资产减值的规定，要求企业对可能发生损失的资产计提减值准备。《企业会计制度》第五十一条规定："企业应当定期或者至少于每年年度终了，对各项资产进行全面检查，并根据谨慎性原则的要求，合理地预计各项资产可能发生的损失，对可能发生的各项资产损失计提资产减值准备。"第五十二条至六十五条明确提出，企业必须计提八项准备，分别是应收款项坏账准备、短期投资跌价准备、存货跌价准备、长期投资减值准备、固定资产减值准备、在建工程减值准备、无形资产减值准备和委托贷款减值准备。第四十二条规定："企业的固定资产应当在期末时按照账面价值与可收回金额孰低计量，可收回金额低于账面价值的差额，应当计提固定资产减值准备。"第四十九条规定："无形资产应当按照账面价值与可收回金额孰低计量，可收回金额低于账面价值的差额，应当计提无形资产减值准

备。"第六十五条规定:"企业在建工程预计发生减值时,如长期停建并且预计在 3 年内不会重新开工的在建工程,也应当根据上述原则计提资产减值准备。"

同时,为了防止企业计提秘密准备,利用"八项准备"调节利润,《企业会计制度》第五十一条规定:"如有确凿证据表明企业不恰当地运用了谨慎性原则计提秘密准备的,应当作为重大会计差错予以更正,并在会计报表附注中说明事项的性质、调整金额,以及对财务状况、经营成果的影响。"

### 2. 将虚拟资产排除在资产负债表之外

《企业会计制度》第十九条规定:"待摊费用应当按其受益期限在 1 年内分期平均摊销,计入成本、费用。如果某项待摊费用已经不能使企业受益,应当将其摊余价值一次全部转入当期成本、费用,不得再留待以后期间摊销。"《企业会计制度》不设置开办费这一会计科目,企业筹建期间发生的费用在开始生产经营的当月一次性计入开始生产经营当月的损益。《企业会计制度》规定,对于待处理财产损益科目,不论是否经过有关部门批准,均应冲减净资产并在年末计入当期损益,不得列示于资产方,避免企业以待处理财产损益的处置方案未获有关部门批准为由,长期挂账。

### 3. 固定资产按照使用情况计提折旧

《企业会计制度》第三十六条规定:"企业应当根据固定资产的性质和损耗方式,合理地确定固定资产的预计使用年限和预计净残值,并根据科技发展、环境及其他因素,选择合理的固定资产折旧方法,按照管理权限,经股东大会或董事会,或经理(厂长)会议或类似机构批准,作为计提折旧的依据。"这一规定事实上赋予企业更大的自主权,使企业在确定折旧政策时,既要考虑固定资产的有形损耗,也要考虑无形损耗。

### (二)明确新业务和疑难问题的处理方法

具体会计准则和《企业会计制度》对于实务工作中新出现以及在以往会计准则和会计制度尚未规范的一些疑难经济业务,都做出明确规定,最典型的如:

### 1. 固定资产融资租赁

近年来,固定资产融资租赁的现象越来越普遍,因此,具体会计准则和《企业会计制度》用大量的篇幅规定了融资租赁的确认和计量原则,在固定资产会计科目的使用说明中又对融资租赁的会计处理进行了较为详细的规定。

### 2. 借款费用资本化

借款费用资本化虽然是老问题，但在会计实务中较难把握，且现行会计准则和会计制度都缺乏明确的规定，为此，具体会计准则和《企业会计制度》对借款费用资本化的条件与金额做出了明确而又详尽的规定，极具操作性。

### 3. 土地使用权会计处理

土地使用权的会计处理长期缺乏规范，处理方式迥异，对此，具体会计准则和《企业会计制度》明确规定：企业购入或支付土地出让金方式取得的土地使用权，在尚未开发或建造自用项目前，作为无形资产核算，并按本制度规定的期限分期摊销。房地产开发企业开发商品房时，应将土地使用权的账面价值全部转入开发成本；企业因利用土地建造自用基建项目时，将土地使用权的账面价值全部转入在建工程成本。

### 4. 所得税会计处理

随着财务会计与纳税会计逐步分离，所得税会计的重要性和复杂性日益凸显。过去，会计制度和会计准则都很少涉及，比较详尽的规定只见诸教科书。为了改变这种状况，《企业会计制度》第一百零七条对所得税的会计处理方法，包括应付税款法和纳税影响会计法（含递延法和债务法）进行了详细的规定。

## （三）增加了新的会计原则

随着经济的发展，经济现象越来越复杂，经济现象的表现形式也日趋多样化，从会计的反映职能看，会计必须反映经济真实，而不是简单地反映其经济形式，权益法、合并会计报表就是明显的例证。从现有的会计准则看，不论是资产减值的确认，还是收入确认的方法，也都证明了实质重于形式原则已经在财务会计上广为应用，但是，以往的会计准则并未对此明确说明。财政部在制定《企业会计制度》时，将实质重于形式明确规定为会计核算的基本原则，第十一条规定："企业应当按照交易或事项的经济实质进行会计核算，而不应当仅仅按照它们的法律形式作为会计核算的依据。"

## （四）增加了对外提供的会计报表，现金流量表的编制方法有所变化

在原来提供资产负债表、利润表、现金流量表和利润分配表的基础上，《企业会计制度》要求增加股东权益增减变动表、分部报表等其他报表。同时准则和制度均规定，在现金流量表中，经营活动产生的现金流量，既可以采用直接法编制，也可以采用间接

法编制；在采用直接法编制时，还应当提供有关以间接法编制的经营活动现金流量的信息。

### （五）对会计报表附注的内容和格式做出限定

会计报表附注是会计报表不可或缺的组成部分，有助于提高会计报表的可理解性，但长期以来，我国的会计制度一直未对此做出规定。即使上市公司会计报表附注，也是由中国证监会予以规定，其结果是，绝大多数企业（上市公司例外）一般只提供会计报表和简单的财务情况说明书，报表的可读性大打折扣。为此，《企业会计制度》对会计报表附注的内容和格式做出明确规定，第一百五十五条规定，会计报表附注至少应当包括九个方面的内容：不符合会计核算基本前提的说明；重要会计政策和会计估计的说明；重要会计政策和会计估计变更的说明；或有事项和资产负债表日后事项的说明；关联方关系及其交易的披露；重要资产转让及其出售的说明；企业合并、分立的说明；会计报表中重要项目的明细资料；有助于理解和分析会计报表需要说明的其他事项。《企业会计制度》在这些方面的规定，无疑将大大提高企业财务会计报告的信息含量和可理解性。总之，从规范的内容看，具体会计准则和《企业会计制度》绝不是"两则两制"基础上会计制度的简单重复或改良。如果说"两则两制"使我国的会计核算模式发生了框架性的变化，那么，具体会计准则和《企业会计制度》将使我国的会计核算模式发生实质性的变化。具体会计准则和《企业会计制度》全面实施后，我国的会计确认、计量和报告惯例将进一步与国际惯例接轨，我国的会计信息质量将大大提高。

# 第四章 会计管理的理论研究

## 第一节 会计管理的现状

科学合理的会计管理体系可以有效促进企业经营活动的有序开展，也是促进市场经济稳步发展的前提，基于当前经济的现状，我国会计管理工作仍存在着一定的问题，想要解决这些问题，就要对其进行控制管理。基于此，本节先对会计管理的意义进行了阐述，然后对其现状进行了分析，并结合会计管理工作中出现的问题，提出了有效的控制措施。

随着经济的快速发展，企业获得更多的经济交流机会，同时，也对风险承担得越来越多。在企业工作的过程中，会计对企业的发展产生直接的影响，因此，对会计管理工作进行优化，有利于企业的稳定发展。

## 一、会计管理的意义

一个企业能不能获得长足的发展与会计管理工作息息相关，而合理的会计管理模式能够减少投资成本，增加利润。会计部门定期将会计信息提供给管理者，对企业领导做出决策非常有利。而在企业管理活动中，会计是一项基础工作，它在企业中发挥着极其重要的作用，如果没有引起管理者的高度重视，就会阻碍会计职能的发挥，也会影响企业的发展。结合会计信息，明确企业发展方面，有利于企业制订切实可行的计划。会计工作在一定程度上影响着企业的发展，因此，要对企业资源进行合理的配置，通过较少的资金，获得更多的利润，使企业占据市场优势。会计工作在企业发展中具有非常重要的意义，所以，管理者要更规范地对会计工作进行管理，并对经营情况进行及时反映，降低成本，从而提高企业管理水平。

我国国有资产流失非常普遍，也呈现出了增多的态势，而在会计管理中，不严格的监督管理是产生这一问题的原因之一。会计管理指的是对各企业会计事务管理与组织的方式。在经济体制下，会计管理工作要与其发展的需求相适应。目前，我国会计管理与经济体制相适应的比例还是比较低的。会计管理工作的改革还是比较滞后的，无法达到新经济体制发展的需求，甚至给经济的进一步发展带来了一定的阻碍，具体情况从以下方面进行分析。

首先，在组织方面，会计管理主体与所要管理的对象出现了脱离的状况，由于会计管理的主体是财政部门，而管理对象是各级会计工作人员，从归属来看，财政部门与从业的会计人员不是同一个主体，因此，出现脱离状况，使得财政部门无法将会计管理的任务进行分布，也无法有效地进行考察。其次，在利益约束方面，财政部门与从业的会计工作人员之间也是处于一个分离的状态，财政部门的利益是国家政府层面的，而会计工作人员的利益与所任职的企事业单位的经营情况有着一定的关联，会计工作人员在对维护国家利益与所任职单位利益方面，更加倾斜于所服务的单位，这样便会导致偷税、漏税现象的发生，并对国家的利益造成一定的损害，进而使国有资产大量流失，使国家的宏观会计目标难以实现。

## 二、存在的问题分析

### （一）信息出现失真的现象

会计信息的可靠性能够使政府与企业更好地决策，但是，如果会计信息出现了失真、混乱的情况，就会给国家宏观调控政策的制定带来一定的误导，并影响到国家的利益。

### （二）会计管理意识薄弱

部分领导不重视会计管理工作，也没有充分意识到会计管理对企业的重要性，在控制机制上，还存在薄弱的地方。有的企业管理混乱，而且没有制定一套切实可行的监督审核程序，进而导致监督审核不能真正地落实。有的基层领导为了尽快地完成任务，往往忽略了会计管理工作。比如，没有对会计科目进行认真核算，导致出现乱用的现象。有的领导为了获得不正当收入，建立小账本，对报表弄虚作假。会计管理制度的不严格不仅造成了这些现象的出现，还会给经营带来一定的阻碍，影响企业的有序运行。

### （三）监督机制不到位

在会计管理工作中，不管是企业内部还是外部，在监督上都会出现一系列的问题。企业内部财务方面的工作大部分都是员工内审，人事与薪酬方面由管理者掌控，所以，内部监督只是走形式，没有真正发挥出它的作用。而外部监督的注册会计由于在素质、职业道德等方面与实际存在一定的出入，加之行业内恶性竞争现象的存在，使外部监督在报表审计的时候往往流于形式。

### （四）会计人员整体素质有待提升

由于会计人员整体素质比较低，对会计信息掌握的程度不高，在工作中极易产生很多错误，也会影响到会计管理制度的推行。有的企业为了减少支出，会聘请兼职会计人员，导致企业的决策缺乏一定的合理性，核算也只是走个过场，以报表应付，进而阻碍了会计作用的发挥。

## 三、会计管理的控制措施

### （一）结合信息化形式进行管理

在对会计工作进行管理的时候，可以设计一个数据库对会计信息进行网络化管理，通过分类储存的方式，有效节约查找、补录等环节的时间，进而大大提升工作效率，提高会计工作的质量。

### （二）健全企业内部监管体系

在企业内部，要完善高内部监督管理的方式，会计工作不仅仅是会计部门的工作，更是企业经济发展的关键。因此，建立一套切实可行的监督管理体系，有利于提升会计管理质量，深化改革。在适当的时候，还可以通过第三方机构的介入，对会计管理工作进行监管，从而达到理想的效果。

### （三）监督机制的改革

在会计管理工作中，政府要以相关法律法规为基础，把会计事务交由团体进行管理，这样政府就可以专注于立法管理，在法律法规方面进行建设，保证会计管理工作有法可依，从而加强政府对管理会计工作的约束。

### （四）提高会计从业人员的整体素质

企业在管理工作中，一方面以业务培训为主，职业道德培训为辅，不仅要强化培训力度，还要提升从业人员的专业水平和综合素养。另外，企业还要对其加强监督，对会计工作现状进行分析，并做好审核管理，发现问题及时整改，从而促进企业会计工作更好地开展。

### （五）会计制度的建立

一套完备的会计制度，要明确会计部门所承担的责任，并明确每个人的工作责任，保证会计管理工作的有序开展。管理人员要有责任心，发现问题及时整改，并以《会计法》为基础，将法律法规与企业内部的制度有机结合起来，从而实现会计工作的规范化管理。管理人员还要与其他部门配合，以企业经济发展为目标，对会计制度不断优化，减少问题的出现，进而推动企业的健康发展。

### （六）会计工作人员业务能力的提高

随着技术的发展，只有会计工作人员的业务能力不断提升，才能适应社会发展的需求。企业要不定期地对会计工作人员进行业务培训，并通过引入行业内的优秀会计人员对其进行培训，来提高会计工作人员的业务水平。此外，还要鼓励会计工作人员学习相应的理论知识，从而更好地助力企业发展。

综上所述，在市场经济快速发展的背景下，企业管理工作中会计管理越来越重要，企业的管理人员需要充分认识到会计管理的重要性，并且针对存在的问题，采取切实可行的控制措施，从而推动企业健康有序发展。

## 四、会计管理与社会经济环境的相互作用

### （一）社会经济环境对会计管理的影响

影响会计管理发展的因素有很多，例如经济、政治、社会和教育等等。第一，从经济层面来说，一个国家的会计管理发展与该国的经济情况息息相关。比如，一个是以农业生产为主的国家，一个是以工业生产为主的国家，它们的会计管理方法和侧重点就不相同。第二，从政治层面来说，国家的政策或者思想对会计管理也有很大的影响，每个国家都有自己的会计管理模式。第三，从社会层面来说，社会的发展是不可避免的，社会文化、社会风气等都对会计管理产生巨大的影响。比如，一个财务人员的性格是保守型，那么他在做评估时就有可能会低估资产价值或者高估坏账准备，这将会直接影响他作为一名会计的准确判断。第四，从教育层面来说，接受足够的教育更是与会计管理有很紧密的关系。一名合格的会计，必须具备将大量数字整合成自己所需要的数据的能力。随着时代的发展、社会的进步、科技的兴起，社会对会计可以更好地运用会计专业知识的要求越来越高，如果会计人员的水平不够，不足以肩负起会计的职责，那么将会影响会计这一行业在社会上的发展。

### （二）会计管理对国家经济社会发展的作用

虽然影响会计管理发展的因素有很多，但是，社会的变化日新月异，其中经济的发展最为迅速，那么毋庸置疑的是，会计行业在当今社会的发展中也会发挥着越来越重要的作用。对国家来说，会计管理为国家的经济决策提供了准确且重要的会计信息，可以更好地判断资源的分配方式，了解资源利用率，维持了国家供给与需求之间的平衡，更加有利于国家提倡的可持续发展战略进一步推进。对于企业来说，企业决策者可以依据会计人员为他们提供的会计信息，及时地设计出最有利于公司发展的方案，为企业提供明确的方向，促进企业更好地发展。

## 五、会计管理思想的产生与转变

### （一）会计管理动态化思想的产生

现在社会，不断发展的社会经济使各企业的组织结构逐渐完善，等级结构越来越清晰分明，各个部门的职能也越来越明确，这就对企业各部门计算机信息化知识的掌握程度要求更高，掌握程度高了才可能加快企业内部各种信息的传达速度。与此同时，企业必须随着社会经济环境的变化而做出应对。会计管理在企业中占很重要的地位，它是决策者做决策的基础与依据。会计管理人员应该通过对企业以及社会时事的分析，不停地为企业提供数据，树立会计管理动态化思想。

### （二）会计管理整体性思想的改变

在经济持续发展、企业之间的竞争越来越激烈的情况下，企业的整体性作用就凸现出来了。现在社会，很大一部分企业是以集体化方式运行的，而每个企业集团下都存在着或多或少的子公司，以这种方式经营不可避免会遇到一些问题，譬如子公司与总公司联系过少，导致总公司不了解子公司的实时情况，这就要求企业在管理上要将思想整体化。会计管理是企业管理的核心，会计管理的好坏直接影响企业未来发展的好坏，所以，整体性思想必须要建立在会计管理的基础上，只有这样，才能加强企业内部的沟通联系，减少因为缺乏沟通带来的经济损失。

## 六、会计管理发展中未解决的问题

现在社会中，会计管理随着时代的变化而不断变化，但还存在着一些问题阻碍会计管理的发展。例如，会计软件还未得到充分开发和利用。企业规模扩大后，子公司、跨国公司应运而生，但是现有的会计软件无法满足它们的需要，企业经济的重心也随着职员们知识的丰富与创新能力的提升发生了变化，这就说明必须要进行创新改革，让会计管理跟上时代的步伐，适应时代的需求。首先，进一步开发和利用会计软件。其次，建立一个符合知识经济时代特征的会计模式，或是扩大，或是缩小，或是重新组合，使主体拥有可变的性质，对其他企业的失误之处，始终秉持"有则改之，无则加勉"的态度。综观当前的经济市场，无形资产在企业中的地位日益提高，版权、专利权、商标权等，都是以知识为基础的无形资产。最后，我们应该提高会计信息披露的真实性，提高会计信息披露的质量。

会计管理部门是会计行业中关键的组成部分，也有越来越多的人重视会计管理，这就说明，会计人员只拥有高能力、高水平是远远不够的，还要随着社会的进步、经济的发展改变传统的会计管理模式，探索出更适合现在社会、更加先进、更加国际化的管理模式，这样才能为会计行业做出正确引导，使会计行业能更好地为企业、为社会、为国家服务。

# 第二节 会计管理质量控制

随着国内市场经济的不断发展，企业在面临极大发展机遇的同时也面临着很多的挑战。会计管理作为企业内外调控的重要手段，对企业的财务收入以及人事调动有着举足轻重的作用。而目前会计管理的质量并不高，一旦在某一环节出现问题，必然会对企业产生严重的影响。本节将从提高企业会计管理的质量出发，分析其控制策略，以期给企业和社会带来更好的经济效益。

对于企业来说，提高会计管理的质量不仅能够提升企业管理的效率，同时也是保障企业未来可持续发展的重要前提。这是因为会计管理的质量直接关系到企业的盈利等方面，会计管理如果出现偏差，很可能影响企业的资金链。党的十九大对会计管理工作的要求做了进一步规范，然而从目前的情况来看，还是有很多企业在这方面出现了各种问题。

从现今的企业会计管理工作来看，大部分会计管理人士对会计管理工作的认知并不到位，没有真正认识到会计管理的重要性。对于企业而言，会计管理工作对企业的资金和产品流动有着直接的影响，企业通过会计管理能够控制内部产品生产及外部运营，从而在市场中获取最大的经济利益。然而部分企业没有真正落实好会计管理工作，过多地将注意力放在了生产工作上，使得会计管理人员缺乏一定的职业素质和切实有效的规范管理方式，会计管理的质量日益下降，难以发挥调控作用。此外，企业的成本控制及核算工作的开展都离不开会计管理的支撑，会计管理制度的不完善导致企业的生产效率和经济效益受到不同程度的影响。除了对会计管理工作的认识不足外，部分管理者对法律法规的认识不足也是造成相关人士追名逐利而忽视法律法规的重要原因。如果企业及会计管理人员不对这些问题加以认识和处理，那么势必对整个行业和市场经济造成巨大的冲击，影响它们的协调发展。

另外，会计管理质量的下降最大原因是监管制度的缺乏。现今很多企业虽然内部设置了监管机构，却常常出现监管不严，财务报表造假的情况，这一系列严重问题的发生，都是因为会计管理工作并没有得到严密的监控。

不断完善会计管理制度及规范。明确会计管理质量控制的重要性是实现企业会计管理工作转型的重要前提。企业要想提高内部的会计管理质量，首先就要确保本部会计管理工作的制度和规范有明确的规定和解释，这样才能增大企业与会计管理工作的黏性，以便会计管理与企业生产更快速地结合起来。另外，企业管理人员要利用一切可利用资源扩大信息量，使会计管理工作更具有科学性和时效性。对于财务报表，要求透明、完整、真实可靠，要能够显示出企业财务及其他非财务信息，比如企业内部管理层对会计管理人员的调动及职业培训、企业外部的经营业绩、企业的发展背景等。不管是企业管理层还是会计管理工作人员，都要提高对会计管理工作的认知，认识到其对企业发展的重要性。企业管理者要强化对会计管理人员的职业素质训练，完善相关管理制度，确保会计管理工作的顺利开展，提高会计管理的质量。会计管理工作人员还要加强对国家相关法律法规的认识和学习，不断地提高自身的法律意识，在合理合法的条件下进行会计管理工作，这样才能让企业更快地走向市场、走向国际。

建立明确的监督系统及产权制度。企业应建立符合我国国情的会计管理监督系统，这是保证产权、提高会计管理质量的关键。企业管理者要明确自身与市场的经济关系，积极鼓励会计管理人员实现创新管理，自主选择统筹方式和规范组合形式，让会计管理工作在受到国家约束的情况下，资源配置和管理效率能得到最大限度的发挥，从根本上提高会计管理的质量。企业要通过产权制度的规范作用来规避徇私舞弊的行为发生，以提高自身的经济效益。与此同时，企业要引入考核竞争机制，通过业绩考核来约束管理人员，提高他们的职业道德素质，使他们能够自觉维护企业利益，自觉承担起责任，以保证会计管理的真实性。

加强会计管理队伍的建设。要想提高会计管理的质量，那么就必须提高相关工作人员的职业素质。首先，企业要定期给管理人员开培训会，更多地学习现代会计管理理论和方法，提高会计管理的工作效率。其次，会计管理人员要认真学习国家的法律法规，提高对优惠政策的认识并能更好地利用。最后，企业要重视对管理人员的职业道德素质的培养，加强宣传教育，杜绝违法乱纪行为的出现，这样才能让会计管理工作得到更好的发展。

综上所述，企业要想提高会计管理质量的控制效率，就要切实落实会计管理工作的开展，加强制度建设，提高管理工作的时效性。企业管理层和会计管理人员要提高对会计管理质量的认知，在内部建立合法的监管体系，召开会计管理的培训大会，提高相关管理人员的职业素质，让企业更好地适应现代化市场经济，扩大经济效益。

# 第三节 科技革命与会计管理

科技的发展是世界关注的问题，它与我们的生活息息相关，科技的进步推动社会的发展，科技的革命也使我们的生活不断发生变化。在市场经济的新时代，对一个企业的经济运作能够起到宏观调控作用的重要职位就是会计，它在企业中是不可或缺的。科技革命与会计管理之间的关系是本节探究的重点。

## 一、科技革命与会计管理范式创新的含义

科技革命是指科学和技术发生质的变化。自近现代以来已经出现过几次科技革命，每一次科技革命都给人们的生活带来翻天覆地的变化。会计是随着经济发展产生的，企业的产生和发展都离不开会计，随着社会不断发展，原始会计管理必须审时度势，不断创新，来适应经济的变化。

提到科技革命与会计管理范式创新，我们一般都不会把它们联系在一起，更不会想两者之间有什么样的关系，其实两者是有一定联系的。科技革命会促进社会的发展，提高人们的生活水平，与此同时，生产资料和劳动力也会有所改变，这样会直接促使经济

飞速发展。社会经济的发展会使企业中的会计职位受到影响，企业中传统的会计管理模式已经不能适应经济社会的发展，然而会计行业又在企业中起到重要作用，因此只能不断改进会计管理模式，使它紧跟着时代的步伐。

## 二、科技革命与会计管理范式创新的发展史

在原始社会时期没有会计这一职务，但据考古记载，在原始社会人们为了记录狩猎的数量采取了在绳子上打结的方式，每一次收获猎物就会在绳子上打一个结，大的猎物就打一个大结，小的猎物就打一个小结，用来计算自己的劳动收获。慢慢到了奴隶社会，创设了司会的职务，用来记录和管理国家的钱财、粮食，会计的雏形就是这样产生的。到了秦朝，秦始皇统一了货币，"会计"这一职务有了更细的划分，形成了自上而下的会计机构，负责国家财物保管、收支的称为治粟内史；负责皇室财物保管、收支的称为少府；负责国家政治、经济的称为御史中丞的称为侍御史。一直到了近代，才真正出现了"会计"职务，随着科技革命的发展，会计管理也在不断创新，以适应市场经济的发展和需求。

## 三、科技革命推动会计管理模式不断创新

科技革命推动了会计管理模式的不断创新，可以总结为四次变革：第一次科技革命改变了簿记(单纯记账、算账，没有会计的理论支撑)；第二次科技革命使传统会计有了一定的变化，逐渐适应社会的发展；第三次科技革命形成了会计理论，使会计行业有了理论依据；第四次科技革命使我国传统的会计行业慢慢步入国际轨道，与国际市场接轨，会计管理模式国际化。每一次科技革命都对会计管理行业产生影响，使会计管理有了质的改变。

会计假设虚拟化。第四次科技革命使我国传统的会计行业与国际市场接轨，会计管理模式国际化。首先就表现为会计假设虚拟化，会计管理的范围越来越大。原始会计管理是对货币、财物等进行直接的实物管理，而现代的信息社会都是虚拟的数字管理，不是看得见摸得着的实物。会计对企业的管理也不再是进出账的记录，而会更多地涉及企业并购、管理融资等环节。

会计程序的创新。原始的会计程序是簿记，会计人员在记账本上记录企业总账、进账、出账等企业日常账务，或者记录消费凭证、记账凭证等。这种原始的会计记账程序烦琐，已经逐渐被新的会计程序代替，现在企业中多是运用数据库的形式，把企业的总账、进账、出账等输入驱动程序，这样查账时只需要进入数据库，调出数据即可。获得不同的数据，只需要运用相对应的程序，这样的会计程序迎合市场的需求，省时省力、准确高效。

会计确认与计量的创新。传统的会计确认与计量方式是现金制，这种制度与现代经济发展不匹配，现金制必须要有交付的过程，有一定的局限性。这时就需要制定一种能够及时反映企业盈利和亏损状况的制度，来体现企业现在所具有的市场偿付能力和对突发情况的应变能力，为使用者提供相对准确客观的企业现况信息，从而帮助管理者做出及时有效的决策。

会计规范的创新。现在的市场经济是全球一体化的，因此我国会计规范也要与国际并轨、与全球统一，形成一种国际通用的会计规范准则。当然这种准则是根据国际会计标准来制定的，不同国家、不同企业也有自身的特点，国际上允许各个国家依据国际准则制定适合自己的会计规范准则，这样可以确保会计信息更加真实、更加可信，便于使用者理解、查阅。

# 四、会计管理模式的创新促进科技进一步发展

科技革命与会计管理二者是互相作用的，科技革命使会计管理不断创新，同样会计管理模式创新也反映市场经济状况，会计管理的变化是顺应市场发展，与市场经济的需求同步的，会计管理的创新能够直接反映出市场经济的发展状况。另一方面，会计管理模式创新推动科技不断发展。有需求就会有发展，任何科技的变革都是为了满足人们的需求，市场经济在进步，企业也会通过不断发展来顺应社会，这种情况下企业就会对会计管理提出新的需求，这样就需要科技不断变革、推陈出新，因此会计管理模式创新也推动了科技的发展。

总之，科技革命与会计管理是相辅相成的，科技革命促进了会计假设虚拟化、会计程序的创新、会计确认与计量的创新、会计规范的创新，同时会计管理模式的创新也促进了科学技术的进一步发展。

# 第四节 企业会计管理监督体制建设

目前，有些企业会计管理监督方面经常出现问题，这些问题产生的根源是企业在日常经营过程中对经济业务重视程度不够，从而造成会计监督职能的弱化。针对企业会计管理监督存在的问题，本节提出一些建议，希望可以消除弊端，为我国企业会计管理监督的进步贡献一份力量。

对会计管理的监督，不仅仅是企业改革发展的必要途径，也是适应市场经济发展的必然要求。加强会计管理的监督，首先能够有效地控制资金流转，防止舞弊腐败，最终促进企业内部监督控制机制的全面建立。随着我国改革开放进程的不断深入，会计行业也发生了很大的变化，要想真实有效地记录会计信息，就必须建立一套完善的监督管理体系。

## 一、企业会计管理监督体制存在的问题

家族式管理模式存在缺陷。在一些企业中，股权呈现高度集中的特点，其中相当部分比例的企业是民营性质的企业。在这些企业中，家族企业比例很大。企业的所有权、经营权和监督权三权合一固然有其优势，比如，中小企业在初始创业阶段的效率高，能够做到快速反应。但是，随着企业规模的逐渐扩大，企业需要引进更多的人才。对于家族企业而言，非家族成员进入企业管理层，很难与家族成员获得同岗同酬的待遇，就会导致不公平的竞争，不利于企业会计管理人才的培养。

纪律执行不严格。由于没有严格的纪律要求，困难很多会计从业人员会利用手中的权力弄虚作假，不仅使企业的工作开展变得极为困难，还会造成严重的经济损失。一些违法乱纪的行为如果任其发展，不仅使企业经济不断损失，还会对社会秩序造成强烈的冲击。

会计人员意识薄弱。部分企业的会计工作人员在陈旧观念的影响下，对于企业会计管理监督不够重视，这种意识是严重缺乏职业素养的。会计职业最基本的要求就是真实和严密，没有满足这两个要求就会带来很严重的后果。一些工作人员无法抵制诱惑，徇

私舞弊的行为甚至已经跨越了法律的底线，严重扰乱企业会计工作的进行。

预算控制力度不强。对于科研项目来说，在合理范围内进行科学缜密的项目经费预算和保证项目经费的落实是至关重要的。但是，目前很多企业既做不到合理地预算和控制，在落实上也无法及时完成。这些情况的发生根源就在于没有建立一套完善的项目经费审查监督制度，只有制度完善，才能使这项工作真正落到实处。

会计管理监督体制不健全。企业内部存在的监督管理方面的问题，其根本点是尚未确立一套完善的规章制度。会计的监督管理需要合理合法，并以可行有效的制度为支撑，只有做好这一点，会计监督管理工作才能有条不紊地进行，同时才能确保整个过程中执法的合理与监管的全面。

## 二、建设会计管理监督体制的措施

### （一）完善会计监督立法

通过加快立法来保障会计管理监督体制的完善是根本的、必要的。首先，要明确企业会计管理监督部门在整个监督管理体系中的主体地位，这是毋庸置疑的。同时，在立法的时候，应当充分结合我国目前经济发展的阶段和特点，以及我国自身的国情，制定符合我国经济发展规律的、完善的、详细的法律制度，同时配套完善的执行体系，确保监督工作不再是纸上谈兵，而是落到实处。在法律的支撑下，企业会计监督管理体系可以自主有序地进行，保障会计工作人员依法行使监督权。

### （二）增强会计人员责任意识

#### 1.加强对企业负责人的教育管理

企业负责人是企业会计管理行为最直接的责任人。因此，其对于会计工作的监督管理是负责人考核中必须包括的一个项目。只有负责人充分重视，才能使监督管理工作最大程度、最高效率地开展。同时，必须针对企业负责人进行与会计知识有关的系列培训，只有了解该行业的实情才能对症下药，有效合理地监管。此外，针对从业人员道德素养、职业涵养的培训也是必不可少的。要让工作人员工作时有崇高的使命感和坚定的法律观，从而处理好各种利益关系，不做出违法犯罪的事情。

**2.提高企业会计人员的门槛，加强对会计人员的考核**

每个企业，在制定岗位基本规章制度时，应该充分结合企业自身的实际，明确该企业从业人员所需遵守的基本准则。在根本上提高企业会计人员的责任感和归属感，提高他们的工作积极性。此外，会计行业的从业人员必须不断丰富自身的知识，增强自身的能力，企业应当大力支持会计从业人员的继续教育和专业深造，不断提高他们的专业能力。最后，必须将考核与绩效挂钩，考核不合格的人员要在限期内通过考核，进一步提高对自身的要求。

## （三）健全企业会计管理监督体制建设

**1.解除人员之间的利益联系**

在企业中，会计的工作总是会与各种因素相关，或者是受到企业自身和领导的影响，大幅度削弱了会计工作的监督管理力度。在这种情况下，最好的办法就是解除领导人员与企业利益的联系，保证会计工作的独立进行。在人员的任免调动过程中，应当充分考量被任命人员和现负责人之间的利益关系，也就是说要解除人员之间的利益联系。

**2.健全内部会计管理监督制度**

企业内部会计监管制度的建立，必须充分贯彻落实不相容职务的分离。要使从事经济活动中的人员之间没有相互的联系，同时，彼此之间存在制约，这样可以在一定程度上减少违法犯罪行为的产生。对于重大经济活动的决策和实施尤其要实现整个过程严格的监督和不同程序之间的制约。要制定完善的内部检查控制制度，明确财产清查的范围，同时配套合理完善的规范体系。所有的规章制度都要保证落到实处，而不是纸上谈兵。在新的电算化普及之后，要在最短的时间内根据新的环境对监管体系做出改变，加强会计信息的监管。

**3.监督项目经费预算**

第一，针对每一个项目，都要进行严格的成本核算以及预算审查，把预算控制在合理的范围内。第二，科研经费的使用一定要严格，明确其花费途径，对于不合理、不明确的支出要进行及时的整治和总经费的调整。第三，经过前期严格审查之后，也不能放松实际使用过程中的监管，必须使得监管落实到经济活动的全过程。第四，建立审批制度，严查报账的合格合理与真实性。对于出现的虚假乱报现象进行严格的查处与惩办。总之，最重要的一点就是所有规章制度要落到实处，因此，保障监督管理体系有效、及时地实施是很重要的。

4.健全管理监督制度

在某些方面，会计人员从事的经济活动易受到上级领导的影响，因此，如何能够保证会计从业人员工作的独立自主性，是会计监管制度制定过程中的一个很重要的问题。只有保证对会计工作的监管，才能避免违法乱纪现象的产生。对于企业领导人员和会计从业人员之间利益关系的平衡监督以及管理，是企业建设的重要方面。除了企业内部要严格监督管理体系的建设，还可以通过人员任命和本企业分离来健全监督体制，这能在一定程度上切断和会计人员之间的利益关系。此外，还应该使会计工作人员之间有相辅相成但是又相互制约的关系，避免大规模会计舞弊违法现象。最后，要保证工作体系和监督体系的透明化，明确企业的财产范围，简化监督管理，要用最短的时间发挥企业会计监督管理体系的最大作用。

（四）加强综合监督执行力度

1.加大综合监督力度，不断提高相关部门综合监督的能力和水平

在具体的会计管理监督中，《会计基础工作规范》应当作为监管过程最基本的指导，同时依据企业自身的实际特点和工作情况找出存在的不足和监管盲区，查漏补缺，对症下药。这样才能做到整个监督体系的不断完善和效率的不断提高。

2.在执法行为中，应加大力度，审计、财政、税务三部门合理分工审计监督

在企业的预算执行、计划完成以及财务收支等方面应该进行严格的监管，财务监督时应当以本单位的会计信息质量为主进行严格的核查。财务职能部门作为整个工作体系的核心，应当主动承担起部门内部的监督管理责任。每个部门的会计信息汇总起来将会对企业的经济秩序产生深刻而巨大的影响。同时，税务监督也是监督企业部门的主要途径之一，主要核查的是纳税人依法纳税的情况。

随着社会的不断进步和发展，我国企业在会计工作中存在的诸多问题得到了一定的改善，但同时，也面临着更大的问题与挑战。因此，在这个问题上我们必须足够重视，才能使会计活动的开展紧跟目前时代的需求，更好地为国家经济建设服务。同时，监管体系也要不断与时俱进，更好地为会计活动服务，从而推动企业的快速发展。

# 第五章 会计管理模式

## 第一节 新会计制度下企业财务管理模式

　　企业单位和事业单位的发展，离不开财务管理。财务管理的优化对企事业单位意义重大。因为原有会计制度的诸多不足，组织的发展已经受到了原有会计制度的影响。特别是对于企业发展来讲，基于新会计制度的财务管理具有明显的决策性作用。当前，中国经济进入了快速发展的新常态，会计制度变革势在必行。在当前已经革新的会计制度面前，企业财务管理人员要对财务管理做出相应的变革。这是企业可持续健康发展的基础。

### 一、新会计制度在企业财务管理实施中的重要作用

　　第一，促进企业财务管理理念的积极转变。毋庸置疑，获取利润是企业发展的主要目标，提升业务能力是企业孜孜不倦的追求。这种情况下，企业财务管理就无形中变成了辅助企业发展的重要环节。随着企业管理理念变革力度的不断加大，企业只有不断适应新会计制度的相关规定，才能让企业在发展中顺风顺水，获得可持续发展。第二，提升财务管理人员的工作效率。原有的财务管理制度，财务管理人员的工作惰性、工作惯性对工作的影响很大，相对应的工作效率也很低，工作积极性受到很大影响。新会计制度推出以后，对财务人员的业务能力提出了新要求，也更注重财务人员的工作效率及工作积极性，让他们更多地注重单位的长远发展目标并为之服务。在新会计制度下，财务部门会科学有效设置财会岗位，在尽可能降低成本的情况下，提升工作效率，进而让企业效益最大化。第三，提升企业财务核算流程的完善程度。新会计制度的实施，一部分

关注度在企业的财务核算流程的完善上。很多情况下，组织要想尽可能提升组织能力，就要实现财务核算流程的完善再造。在原有流程不再适应企业发展的需要时，就要尽可能推进流程再造。举例来讲，在财务报销中，原有的报销制度下，财务人员要在粘贴好发票后，到相应窗口实施报销，很多时候，因企业人员众多，会出现排队报销的情况，效率低下不说，还很容易出现差错，影响了企业的快速发展。新会计制度下，企业实施网上报销，在不需要排队的情况下，财务报销就会得到高效率的完成，提升了效率，节省了人工，降低了人员成本。

## 二、企业财务管理模式优化策略

### （一）增强对新型财务工作的重视

随着时代的快速变化，国家实施了新企业会计准则体系，企业开展会计核算工作因此面临着更为严格的要求，企业必须因此形成更全面、准确的数据资料库，这是企业发展所面临的挑战。但与之对应的，新会计准则已经缩短了其与国际会计报告准则的差距，这就为企业财务工作的进行创造了良好的外在条件，也使得企业纷纷加深了对财务工作价值的认识，从而自发地参与到现代化财务工作体系中。考虑到传统财务工作模式下许多企业对财务数据分析的认识不足，从而导致其对财务工作者素质、专业程度的把关不严格，许多资质和经验不足的员工流入岗位。基于此，企业需要在新会计准则指导下，主动转变思想观念，将财务工作提升到重要日程，并且加大资金、技术投入力度，为财务工作的开展奠定坚实基础。

### （二）强化财务人员信息化技术分析工具的使用

在新会计准则的指导下，企业需要促进财务工作与信息技术的高度融合，传统的主要依靠人力完成财务分析等系列工作任务的习惯必须得到改变，按照有关经济法的要求，可以将与资金相关的诸多数据作为对象加以考查，确保信息的实时性和准确性，并且有效降低人力、物力资源的消耗。具体来说，企业要注重考察财务人员的资历及从业经验，适当提高员工准入门槛，将不符合工作能力要求的员工排除在财务工作范围之外，确保员工具有一定的综合知识广度和深度。再者，企业要注意加强对财务工作者信息技术掌握能力的培养，使其可以对数据做有效整理。

### （三）强化企业自身财务管理与控制

为确保新会计准则能够在企业财务管理过程中更好地落实，企业必须要从内部出发，强化自身财务管理与控制的力度，并以此为基础建立科学合理且高效的财务监控管理制度体系。想要提升企业内部人员的财务管理意识，就必须要提升资金管理工作地位，并以细化的形式让其体现在各个部门的实际工作之中；资金应用效率也加以关注，并将实现企业资金利用效率最大化作为提升管理的主要目标，以此来实现资金和使用实现高度配合；企业物资管理也需加强控制，让物资的采购工作、使用工作、销售管理制度能够更加规范；可采用现存货物管理的方式对现存货物和应收账款的管理工作加以辅助，解决企业流动资金匮乏或资金流转性较弱的问题。

### （四）注重反映企业盈利结构合理化

企业财务分析在企业结构上要注重企业资金结构的反映，即对企业结构进行分析时要了解不同资金所在不同位置的流向，将企业在项目中所使用的人力、物力成本做初步的分析和精准性的把握，对以往的资金流向起到历史性的参考作用，当前及其日后的资金流向动态做实时动态监测，实现企业的财务资金明朗化；通过对企业不同时期数据的对比，增强财务分析决策的科学性和有效性。新型的会计制度，对企业的纪律条例有了新的规范，要求企业法人以及相关的财务部门对内部资金结构具有与时俱进、实时更新的财务理念，保证在企业内部财务数据上的严谨性。

综上所述，加强对新企业会计准则下企业财务工作的开展与转变的探讨，具有重要的现实意义。相关工作人员需要在明确现阶段企业财务工作开展现状——如忽视财务分析的重要性、财务报表数据存在滞后性、财务工作人员综合知识广度和深度不足的基础上，提出新会计准则下企业财务工作发展的建议，增强对新型财务工作的重视，充分认识传统分析方法的局限性，注重反映企业盈利结构合理化，强化财务人员信息化技术分析工具的使用。

# 第二节 会计管理中的内控模式

在企业现代管理中，会计内部管理控制是一项非常重要的内容。随着我国社会经济市场的迅速发展，企业之间的竞争越来越激烈，这就凸显了会计内部控制的重要性。目前会计内部控制方面存在一系列的问题，那么就要提高会计内部控制效率，找出其中的问题，从根本上解决会计内部控制中的问题。加强会计内部控制管理制度、完善会计内部控制制度等，都是提高会计内部控制的策略，能够有效促进企业的可持续发展。

会计内部控制指的是企业内部为了能够有效提高会计信息的质量及效率，使企业中资产具有安全性、完整性，保证企业能够履行相关的法律规定，从而制定的控制方式、措施及过程。会计内部控制是企业内部的维护系统及预防警报系统，也是企业可持续发展的重要内容。创建健全的企业内部控制体系，完善企业内部控制监督和控制系统，加强会计内部控制，能够有效地促进企业管理朝着现代化的方向发展，从而使企业可持续发展。

## 一、会计内部控制现状及问题

自改革开放以来，我国社会经济呈直线上升趋势，尤其近些年发展飞快，在其基础上我国出现了各种企业。众多企业的开创和兴起，导致企业之间的竞争激烈，企业日日忙于外部竞争，提高自身的外部竞争能力，而忽视内部的管理，使会计内部控制失调，导致其出现了一系列的管理问题。

首先，会计内部管理人员没有明确的现代管理意识，企业内部没有规范的管理制度，人员控制意识较为薄弱，对于管理体制没有进行全面的创新和改革。会计财务方面没有明确的分工，导致会计没有规范的工作标准，影响企业的可持续发展。

另外，部分企业内部没有严格的资金财产清查制度，或者财产清查制度不完善，这就导致企业并不了解自身有多少资金。还有部分企业中的内部审计没有发挥出自身的作用，其工作人员没有合理分配，弱化管理效应。会计内部管理工作制度混乱，导致企业中的会计信息及财产信息严重失真，出现虚假、捏造事实的现象。从而使企业在市场中的竞争能力下降，影响企业的经济效益及可持续发展。

其次，部分企业为了使自己自身利益达到最大化，就要求部门经理掌握企业中的开销费用，但是并没有规定和制定具体的制度，这就导致部分人员浪费资源，在购买企业所需材料过程中导致资产的大量浪费，使企业造成巨大的亏损。

最后，部分企业内部人员并没有根据规章制度履行义务，甚至还有部分人员利用规章制度中的漏洞占用企业中的资金、开设虚假发票。还有人员做出违法行为，这都影响着企业今后的发展。

## 二、会计内部控制的基本策略

### （一）完善会计内部控制机制

会计内部控制机制与企业的组成有着一定的联系，并且与企业运行中的变化也有着一定的关系，完善会计内部控制机制，是将会计内部系统组成相互关联、作用的形式，并且使这些形式相互衔接，从而实现企业内部控制的目的，使企业内部整体的运行更加顺畅。具体说，会计内部控制机制包括会计中的所有因素，比如工作人员、资金、设备、发展计划、实施过程等等，企业要将企业内部控制看成一个整体的系统进行运作，使其内部的每个因素都可发挥出自身的作用，并且使内部的各个因素都可相互合作，这样才能规范会计内部控制，使其能够在企业运行中发挥出自身的效率。

企业的具体做法：首先要将会计内部中的人员创建主管机构，使会计内部控制可正常地运行。另外企业还要创建相关的法律规定，使企业中的各部门依法办事及工作。

### （二）使会计内部控制机制可以正常运行

企业在完善会计内部控制机制之后，要以其为基础，对会计工作进行有效的控制，并且对会计工作的制度和核算进行有效的监督，使会计内部控制机制能够落实到位，正常运行。要求会计工作人员可以进行自我监督，还要有专业的人员对其进行监督，并且对外部的审计工作进行监督。具体主要包括会计信息是否准确、合法及完整；会计账簿是否被伪造、销毁、造假等；企业实物及款项是否正确、符合实物，是否按照相关规定进行处理；企业资金收入支出是否全面，如果发现有问题应该及时制止并且予以纠正。

### （三）提高内部审计中的事前、事中、事后监管

在企业内部经济监督管理中，内部审计是一项重要的内容，它在运行过程中可以发挥自身的审计职能，有效地监督企业中的经济活动，提高对企业内部的管理，从而提高企业中的经济效益，使企业可持续发展。在进行内部审计时，值得注意的是，如果发现企业中会计核算、资料、财产收入与支出、经济活动中存在一系列虚假、缺失、违法、失效等行为或者问题的时候，首先就要保证企业内部的核算资料是真实且完整的，保障企业中的财产是安全的。事前监管主要是对会计内部控制中的制度、措施和制度措施实施的情况进行有效的监督及查看，使会计内部控制可正常有效进行。

总而言之，会计内部控制在各企业中都有着至关重要的作用，其也是一项系统化的工程，提高企业内部的管理，将现代化的管理落实到位，创建并完善会计内部控制，与企业外部监管相融合，并且在实践中发现全新的控制策略，使会计内部控制发挥出自身的作用，促进企业健康可持续发展。

## 第三节 会计成本精细化管理模式

经济增长的大格局下，财务在企业发展中起核心作用，实施财务成本精细化管理将有助于企业财务的稳定，维持资金安全及企业稳健运营。只有建立完善的财务成本管理体系，才可以更好地为企业实施精细化管理工作保驾护航。深入分析企业进行财务成本精细化管理的重要性、精细化管理实施中存在的问题，并提出相应的改善措施，以期推动企业财务成本精细化管理的有效实施。

在现代经济发展的进程中，寻求经济效益的最大化一直是众多企业的追求。在这个过程中，财务成本精细化管理的模式，也在我国企业的不断摸索尝试中逐步运用，虽在推进过程中仍有许多问题有待解决，但其带来的效益也是显而易见的。企业也逐渐意识到精细化管理的实施已是时不待己，要更好地发展，企业要做的就是克服眼前的困难，解决推进过程中出现的问题，大力推进成本精细化管理的进程，从而增加企业经济效益

和提高经营管理效率，促进企业健康发展。

## 一、企业财务成本精细化管理的重要性

### （一）有助于提升企业经济效益

企业实行财务成本精细化管理，可以提升企业整体管理效率，从而促进企业经济效益的增长。企业财务成本精细化管理涉及部门广、人员多、流程细，除有利于各部门之间更好地协同合作外，还能提升企业的整体工作能力及效率、优化整体的内部生产流程。由此，既可以避免产生不必要的重复劳动和造成资源浪费，也能使得相关人员综合能力得以提升，有助于企业培养出综合性人才，从而可以在企业管理的过程中提出各方面的意见建议，为企业经济效益的增长助力。精细化管理模式的运用能将企业的管理职责和管理成果精细明确地反映出来，职责精细化是企业上传下达的有力保障，成果明确化是企业调整改进管理模式的参考标准，拥有上传下达的执行速度和明确的管理模式改进标准才能提升管理的效率，让企业在精细中谋效益。

### （二）有助于降低企业财务管理风险

财务成本精细化管理能使成本支出更有计划且得到更好的控制。随着经济的发展，员工最低工资标准不断上调，导致人工劳动力成本上升；原材料价格的提升、销售渠道拓展成本的增长等因素，也使得企业的各项成本支出不断抬升。而在成本上升的大环境中，企业一旦出现成本上升的幅度长期大于利润上升幅度，就会导致企业出现亏损，致使企业陷入发展困境，甚至使企业面临破产倒闭的风险。然而，企业进行成本精细化管理，可以使得其对各种给予利润造成不利影响的成本事项进行实时掌控，及时通过实施成本精细化控制方案，来对成本不利差异进行弥补。与此同时，企业的成本支出计划也能得到相应调整，使成本支出更加细化以得到更好的控制；这让企业更加清楚成本资金流向的同时，又能降低企业财务风险的概率，规避企业破产风险。

### （三）有助于提升企业市场竞争力

企业推进实施财务成本精细化管理理念，并将其发展成一种企业文化，在一定程度

上可以提升企业的市场竞争力。一方面，精细化管理某种程度上提升了企业的经济效益，使得其在激烈的市场竞争下仍可以拥有效益上的优势，而在市场经济发展的大背景下，相同成本产出更高效益的企业无疑拥有更强劲的竞争力；另一方面，财务成本精细化管理，能助力企业由单一财务成本精细化管理向全面精细化管理模式迈进，促使企业整体的管理模式由粗放化向精细化转型。然而，这种在管理水平上的提升，是同行业的竞争者在短时间内无法效仿实施的。这就能使得企业在行业内保持住自己现有的优势，为其在经营效益上取得新的突破争取到更多的时间，去寻找机遇和锻造新的竞争优势。

## 二、企业实施财务成本精细化管理中存在的问题

### （一）缺乏成本精细化管理意识

在管理会计趋势下，企业管理层缺乏财务成本精细化管理意识，缺乏支持企业财务成本精细化管理的运行机制，从而无法推进精细化管理模式，然而，新模式的运用如果得不到领导层的足够重视，也会致使其形同虚设，那么企业在追求经济效益最大化目标的路上就少了一个重要的途径。员工缺乏精细化管理意识，则会出现员工缺少主动探索学习的动力和提升自身精细化管理知识能力的热情，这不利于企业培养综合性人才，导致员工工作配合度不够，指令的上传下达效率低下，致使精细化管理制度推进进程缓慢。政府缺乏精细化管理意识，则会使得精细化管理模式在企业的推进运用中，得不到相关政策的支撑和保障，新模式的认可度低下。而政府没有相关成本精细化人才的培养政策出台，会导致高校没有定向培养出一批具有综合性管理素质的财务人员的意识，成本精细化管理模式相关人员知识技能的培养，只靠企业来进行推进，那么这又是成本精细化管理模式在企业推行路上的一块巨石。

### （二）缺乏完善的成本精细化管理制度体系

由于成本管理制度的不完善，原材料、低值易耗品等存货在采购过程中并没有采取货比三家择最优方式进行，在未能给企业带来采购质量和价格优势的同时，还可能由于过度采购而增加企业的仓储费用和保管费用，增加企业的成本支出。而机械设备等固定资产的采购缺少相关制度的约束，将使得企业的折旧费用和维修费用增加，这会降低企

业的经营效益。成本精细化管理实施制度的不完善，导致成本精细化管理模式未能引起足够的重视。对于员工，他们不能形成成本控制从自身做起的自觉性，导致其参与积极性低下，精细化管理推进缺乏落实度；对于管理层，实施制度的不完善引起重视度不够，在进行重大决策时则不会将成本管理纳入战略层面，无法让成本管理理念真正深入企业。显然，成本精细化管理实施制度的完善度不够，会阻碍成本精细化管理的进程，影响其成效。而成本核算制度的不完善，导致企业经营周期内产生的实际成本无法与事前预算的成本值做比较、找差异，不能明确问题产生的原因所在，也就没办法将责任落实到个人以及无法进行成本控制管理方案的改进调整。那么企业的管理模式就得不到优化，一直原地踏步就会被市场所淘汰。成本绩效评价制度的不完善，造成在实施成本精细化管理新管理模式时，企业不能很好地对实行这项制度的员工进行绩效考核和评价，将制度落实好的员工得不到相应的奖励、没有认真落实的员工得不到相应的追责，这在极大程度上抑制了员工的工作热情和积极性。而考评体系样式丰富度不足，会让企业面临在不同的成本中心出现运营状况时束手无策的情况，让考评缺乏依据无从进行，导致精细化管理难以推进。

（三）缺乏健全的信息化管理系统

目前，很多企业财务管理已经开始实现自动化，着手运用一些财务信息化系统（ERP等）来完成企业的成本核算工作，但大多数的信息化系统的运用仅仅局限在核算领域，在预算与分析控制方面涉及过少，那么只实现了自动化而未实现智能化。即使是在只实现自动化而止在努力开创智能化的大格局中，有些企业却还存在购买使用市场上同一化的信息系统，而不是根据自身需求定制适合企业的专属系统，这使得信息化管理系统缺乏专一性和针对性，这不利于改善企业的成本管理模式。而企业要实施成本精细化管理，信息化系统的助力必不可少，倘若使用对企业精细化管理需求标准来说，不健全的信息化管理系统来进行核算，就会出现企业管理需求的细致数据系统无法提供的现象。虽然与大众信息化管理系统相比，定制系统的耗用相对较高，但如若连精细化管理最基本的需求都得不到满足，这无疑是企业在推行精细化管理道路上的一块拦路巨石。

# 三、优化企业改善财务成本精细化管理的举措

## （一）增强财务成本精细化管理意识

在企业推行财务成本精细化管理模式，需要各方群体先拥有精细化管理意识。企业管理层人员是企业实施推进精细化管理模式的领军人，他们拥有清晰的精细化管理意识是企业实施精细化管理的保障。领军人不能有只能通过增收才可以提升企业的效益、达到企业目标利润的固化思维，从而只致力于销售收入的提升，却忽视了成本可降低的发展空间。当前，企业的市场竞争越发激烈，对消费者来说，物美价廉者定是首选对象，而企业在无法通过提升价格来达到增收目的时，通过实施成本精细化管理可使得企业避免不必要的开支，这能有效地帮助企业实现利润最大化目标，且更好地在市场上占有一席之地。企业员工是企业实施推进精细化管理模式的主力军，因此，需增强自身的成本管理意识，不要盲目地认为成本控制只是财务部门的工作。然而，要实现财务成本精细化管理，就要要求企业各个部门各个岗位的工作人员都切实参与、切身落实，员工要有成本管理人人有责、成本管理从我做起的意识。此外，政府是企业实施推进精细化管理模式的后备军，只有后背有足够的支持力，企业才能安心冲锋陷阵。这就要政府提升对企业管理模式转变的关注度，与此同时，可以出台和引进一些管理型财务人员的培养政策和方法，以及多支持管理型财会人员资格的认证并提升对持证人员能力的认可度和支持，高校进行综合性人才的对口培养，从政策上加大对企业精细化管理的支持。

## （二）完善企业财务成本精细化管理制度体系

一是优化完善企业成本管理制度体系，实现各业务环节的流程再造。在成本管理制度上，企业进行材料采购时不能一味地追求材料价格的有利差，因为过度的有利价差可能会给企业带来更大的材料用量和人工效率的降低。在采购时要横向对比，在保证质量的前提下尽可能降低采购成本，但也要谨防因批量采购而导致仓储成本大幅增加。在生产管理环节企业要尽可能地优化其内部流程、减少不必要人员的分工、整合雷同的工作环节，降低不必要的耗费。对于期间费用可以采用作业成本法（ABC）来进行分配，确保成本能根据各项成本动因更准确地归集到各类产品中，精细化成本的分配流程，让企业成本得到更准确细致的管理。在成本精细化管理实施制度上，企业对于精细化管理制

度的实施要有上传下达之效。各项成本控制项目要精细到个人身上，确保实施过程有迹可循，减少员工因成本精细化管理实施意识不强、责任不清而出现惰性的情况。在各部门也可设置专门的成本控制人员，在监督成本精细化管理更好落实的同时，不断探索寻找成本精细化管理更广阔的途径。而管理层也要被框进精细化管理实施制度中，要做到在一个项目投资前对其进行充分的现金流分析，综合判断项目投资的可行性，减少机会成本产生的概率和可能性，让成本精细化管理实施制度管控到企业的各个层面。二是制定精细化财务核算指标，推进成本绩效考核的顺利实施。在成本核算制度上，企业要明确好相应的财务指标，促使各部门协同合作，保证财务数据的真实性、准确性、及时性。在核算前可以借助管理会计思想编制弹性预算，预算编制过程中要谨防预算松弛，使得预算数据对于周期内实际的成本数据具有可用可比性，从而在后期的成本核算时，有利于发现各个部分的有利差和不利差，督促企业继续保持有利部分而改善不利部分，而后为企业做预算管理和进一步调整精细化管理方案提供数据支持，让企业的精细化管理模式得到不断优化。在成本绩效考核制度上，企业可实施对不同部门的成本划分为可控成本和不可控成本两部分，且要根据不同时期和不同部分具体划分，对于短期来说是不可控的成本，但对长期来说却成了可控成本；对于一个部门而言是不可控的成本，但对于另一个部门来说可能是可控成本。各部门明确后可利于对其更好地进行成本绩效考核，而对于企业整体而言，可控成本也可得到更好的掌控。再则企业可借助管理会计中的责任中心制度，对不同的部门甚至个人采用不同的考核指标，拓宽考核样式的丰富度，也可以让员工更加明确自己控制成本的方向，有目的地进行工作。在企业对各项成本控制事宜都落实到具体的个人后，要将各项成本控制结果列入年末个人绩效考评内容，对完成结果良好的员工可采取升职加薪等奖励方式激励，对完成不理想的员工究其缘由，若是自身可控因素致使，则需进行相应的惩戒，以确保成本精细化管理制度在企业的推进有各种制度的保障。

（三）升级改进现有信息化管理系统

企业实施精细化管理也需要借助信息化的技术手段来为其更好地在企业运用保驾护航。这就要求企业在完善自身技术的同时要采用有针对性的、适合本企业的信息化系统，而成本精细化管理模式讲究的就是要将成本进行精确细致的管理，只有专一性强且适合本企业的信息化系统，才能为企业提供所需要的精确细致信息，在技术上满足企业成本精细化管理的需求。对于信息化系统，企业还可以在系统中建立中央数据收集平台，使各部门及时将自己的数据录入，形成数据流水，其优势在于：一方面，表现为相比人工收集数据的时间可大幅降低，让员工可以有更多时间致力于自身的工作和发展；另一方面，可以确保数据的完整性，降低数据丢失风险，更好地支撑企业精细化管理数据需求。如今信息化系统已经得到大范围运用，但多数表现在自动化录入和核算层面，而成本精细化管理模式的需求却不限于此，这促使企业要争取在实现自动化的同时努力创造"智能化"，企业可通过运用人工的前期预算、中期掌控、后期分析及反馈调整，让员工与信息化系统进行有利结合，使得信息系统不只是停留在核算阶段，而向预算、分析等多方面拓展，促使信息化管理系统更好地为企业成本精细化管理助力。在当下经济发展的大趋势中，有的企业被迫转型发展，有的企业主动寻求转型发展；而在众多发展途径中，推进财务成本精细化管理模式已然成为企业谋求更好发展的必经之路，这对各企业来说既是机遇又是挑战，而企业也只有主动把握机遇才能勇于战胜挑战，走在前沿才能避免落后挨打的局面。

# 第四节 中小企业财务管理云会计模式

中小企业的财务管理是中小企业运营管理体系的重要一环，不断地提升财务管理的效能，促进企业财务资源的高度整合是当前中小企业财务管理的一个主要落脚点。云会计模式的出现，在一定层面上为中小企业财务管理提供了新的思路。本节尝试探讨在云会计模式下中小企业财务管理所面临的挑战以及今后的具体应对策略。

财务管理是一个系统的工程，不仅需要科学的财务理念的指导，也需要借助完善的财务软件及硬件的配合。随着计算机信息技术的不断发展，中小企业财务管理的思路进一步被拓宽，云会计模式更是将计算机与会计信息管理进行高度整合。本节尝试探讨，基于云会计模式的中小企业财务管理所受到的影响以及今后的具体应对策略，对于促进中小企业财务管理体系的优化以及财务管理水平的提升有着一定的积极意义。

## 一、云会计模式的内涵

目前，在整个学术领域，围绕云会计模式这一新生事物的概念还没有达成较为广泛的共识。一般来说，云会计模式是大数据、云计算等相关模式与会计模式整合的产物。从整体特点来看，云会计模式具有一定的虚拟性。云会计依托互联网进行系统的应用与升级，在云会计具体的功能实施中，公司无须进行任何软件的安装，也无须进行相关基础设施投资。公司相关的会计程序可以通过互联网浏览器进行访问。公司的财务信息上传到云端，公司只需进行浏览器浏览就可以进行财务数据的访问。

云会计通过网络资源将企业现有的会计管理相关的资源进行整合，在有效降低企业会计管理所需要的资源成本的同时，进一步地提高资源管理的便捷性、安全性以及高效性。从我们国家的发展来看，一些企业已经开始通过云会计账户来进行云会计管理，在有效地提升自身的管理水平的同时，也进一步地契合了整个市场高效化发展的要求。但是，我国的云会计模式应用，刚刚处于初级阶段，无论是在法律界定方面，还是在具体的应用层次方面都处于探索期。如何进一步地应对云会计模式对我国中小企业财务管理的相关影响，提高中小企业财务管理的综合性能水平已经成为当前会计财务等诸多领域研究的主要方向。

## 二、云会计模式对中小企业财务管理的影响

从宏观层面来看，云会计模式对中小企业财务管理的影响主要体现在以下几个方面：

### （一）对财务管理理念的影响

在之前的中小企业财务管理过程当中，单打独斗成了中小企业财务管理的一个主要特色。这就意味着企业在岗位配置以及相关的财务管理中都是以企业自己为中心。这虽然在一定层面上符合企业财务安全的需要，但是，在一定角度上也不利于企业财务的优化。尤其是，随着经济领域之间合作密度和广度的不断加大，如何改变这一单打独斗的局面，进一步地促进资源的整合，尤其是信息资源的整合是今后基于云会计模式下中小企业财务管理需要应对和提升的主要方向。

（二）对财务人员素养的影响

在进行财务工作过程当中，财务人员自身素养水平高低，对于企业运营和发展扮演着极为重要的角色。从目前来看，一些中小企业财务人员自身的基于云会计模式下的相关软件操作水平还存在一些不足，很难胜任新时期会计管理的挑战。当面对企业发展以及面对企业发展的诸多阶段，还需要不断地立足于新时期云会计模式的影响，提升自身的媒体素养、信息素养以及信息检索和筛选能力。

（三）对企业会计运行环境的影响

在进行云会计模式应用下，企业不仅需要在必要的思维方面进行转变，还需要在当前的会计运行环境，尤其是会计的软件环境方面进行优化。云会计模式需要企业进行必要的资金投入来完善企业现有的会计管理软件以及预警体系。这就意味着，企业需要加大硬件建设。虽然，在云会计模式下，企业无须进行相关财务软件的添加，相关的财务管理和数据通过上传终端来实现财务数据的管理，但是，目前，云平台建设在我国尚处于初级阶段，基于云会计所需要的相关云计算硬件以及云计算软件并不是很成熟。这就会影响中小企业尝试的信心，当然，也会对云会计今后的科学应用，改善中小企业财务管理效能提出了新的挑战。从目前来看，中小企业现有的会计信息化管理等相关的硬件储备并不是很足，这就在一定层面上影响了中小企业更好地迎接云会计模式所带来的挑战，也需要在今后的发展中进行系统的改进。

总之，从目前来看，云会计模式对中小企业财务管理理念，中小企业财务管理人员综合素养以及企业自身的财务运行环境提出了一些新的挑战。这些挑战也为今后的中小企业更好地运用于会计模式优化自身的财务管理提出了更高的要求。

## 三、会计模式下中小企业财务管理存在问题的原因

在上文中，简要探讨了基于云会计中小企业财务管理所面临的诸多问题与挑战，导致这些问题产生的原因是多方面的。本节尝试从主观以及客观等两个维度来进行分析：

一方面，从主观来看。中小企业自身对云会计模式缺乏客观的认识是影响其云会计应用的一个主要原因。很多中小企业在自身的运营和发展过程当中，对于新生事物存在

着一定的戒备心理。这就导致了云会计模式很难在中小企业进行推广和应用，尤其是，在中小企业向前发展过程当中，云会计模式自身的一些风险系数也让很多中小企业产生了畏难和胆怯的心理。所以，在今后的中小企业运营和发展过程当中如何解除解决其后顾之忧，更好地提高云会计模式的应用效果，应该是今后该领域提高的主要方向。

另一方面，从客观层面来看。相比较而言，我国的云会计模式还处于初级和探索阶段，相关公司虽然出台了云会计模式的软件，但是在具体的落地实施方面还有着一定的差距。再加上我国围绕云会计模式相关的法律体系等方面还存在一定不足。一旦出现云会计信息数据丢失相关的法律追诉问题也有待进一步地完善。因此，在今后的云会计模式具体应用中，还需要在客观环境尤其是制度体系方面进行系统的完善。

总之，无论是客观体系方面的原因，还是主观观念方面的原因，这些都在一定层面上制约了云会计模式在中小企业财务管理中的应用。这些也成为今后中小企业优化发展的主要方向。

# 四、云会计模式在中小企业财务管理中的发展分析

为了更好地提高云会计模式在中小企业财务管理中的应用水平，本节在借鉴相关研究成果基础上，尝试从以下几个方面来提出今后的发展建议。

## （一）切实提升财务人员信息素养

在今后的中小企业科学运用云会计模式过程当中，其自身的财务人员应该不断地与时俱进。一方面，在自身的专业技能，特别是云会计模式下相关技能等方面进行强化。企业可以通过岗位培训等方面来进行夯实基础。另一方面，还应该在必要的岗位设置方面，加大对云会计相关监管体系的完善，避免在财务人员自身工作过程当中存在的监守自盗以及信息造假舞弊现象。只有这样，才能更好地保障云会计模式的科学效果的发挥。

## （二）积极健全制度体系

为了更好地满足云会计模式的科学发展需要，在今后的我国云会计模式的落地应用的过程当中，企业以及相关的组织部门应该围绕云会计模式发展特点以及中小企业财务

管理的需要不断地在制度体系方面进行完善。尤其是，完善司法保障体系。通过法律的保障来更好地促进云会计模式的科学应用，对于违反相关规定的责任人第一时间进行处理将可能产生的损失降到最低。只有这样，才能最大层面地优化云会计运行环境。云会计模式对于整个中小企业财务管理以及我国财务管理体系的优化有着极为重要的影响。在今后的发展中，相关部门应该不断地基于云会计的发展趋势，制定具体的云会计管理系统性能评估制度。

总之，在今后的云会计模式运行和发展过程当中，企业和个人应该不断地进行云会计模式发展理念的革新以及相关环境的优化。只有这样，云会计模式才能够在中小企业得到更大化的应用。

本节主要探讨了云会计模式的出现对我国中小企业财务管理所产生的影响以及在其影响下中小企业财务管理所面临的发展挑战。在借鉴相关研究成果的基础上，探讨了未来中小企业科学运用云会计模式的主要思路。希望本节的研究，能够有助于我国云会计模式以及企业财务管理等相关理论研究的深入和完善。


# 第五节 企业会计电子档案管理财务共享模式


在财务共享模式下企业会计电子档案管理发生了变化，与传统会计档案管理相比具有便捷性、实时性和高效性等新特点，但也面临着新问题，包括档案存储存在较大风险、信息系统接口无法对接、档案管理制度不完善、档案管理人员素质不高等。可采取加强档案管理软硬件设施设备建设、实现档案信息系统接口对接、制定完善的会计电子档案管理制度、提高会计电子档案管理人员业务素质等举措。

财务共享模式是一种区别于传统财务管理的全新模式，其实质是企业在信息技术背景下，将各分公司或子公司的大量财务工作交由财务共享中心来处理，因而这一模式能够提供流程化、标准化的财务管理服务。在财务共享模式下企业会计电子档案管理发生了变化，与传统会计档案管理相比出现了新特点、新问题，笔者就此进行分析，并提出在财务共享模式下加强企业会计电子档案管理的若干对策。

# 一、财务共享模式下企业会计电子档案管理的特点

财务共享模式下企业会计电子档案管理，将会计信息系统、银企直联系统、影像管理系统、资金管理系统等实现串联、集成，并对会计电子档案进行收集、分析、处理、汇总、利用。基于财务共享模式的企业会计电子档案管理呈现出便捷性、实时性和高效性的特点。一是便捷性。企业通过影像管理系统对收集来的原始会计凭证进行扫描后上传至财务共享云平台，在云平台上企业利用会计信息系统如用友、金蝶、SAP等对原始凭证进行处理生成电子会计凭证，再对电子会计凭证进行处理生成各类账表，如现金日报表、总账、明细账、多栏式明细账等，最后生成资产负债表、利润表、现金流量表等各类报表。此外，在财务共享模式下，企业与银行的连接方式发生变化，企业可直接通过银企直联系统获得完整的银行电子回单，并根据银行电子回单生成会计电子凭证，实现电子对账。

二是实时性。传统的会计档案管理模式不能实现数据的实时更新，而在财务共享模式下原始会计凭证通过扫描上传到云平台，可即时生成会计电子凭证并在系统中生成各类报表，为决策提供服务。以费用报销流程为例，首先，员工在出差时通过信用卡消费产生的费用数据，能够实时传递到企业云平台上。其次，员工在报销费用时根据报销内容选择特定模块，并根据报销金额以及报销事项进行填写；财务部门只需将云平台上的数据与员工填写的报销事项进行核对，如信息一致即可将这部分数据传递到银行系统中，由银行完成费用支付。最后，企业云平台的会计信息系统根据发生的业务自动生成相应会计电子凭证，进而生成会计电子档案。

三是高效性。基于财务共享模式的企业会计电子档案管理，能实现企业会计电子档案收集、处理、分析、利用的一体化，档案管理具有高效性。而传统的会计档案管理要耗费大量的时间与精力，如需要打印大量的电子凭证。

此外基于财务共享模式下的会计电子档案管理，能够实现档案信息一体化管理。具体来说，会计电子档案可以在企业不同部门（如采购部门、销售部门、仓储部门、财务部门等）之间传递，如采购部门进行采购时，采购员在采购系统生成采购订单、采购到货单、采购发票等，其中采购发票传递至财务部门的总账系统，采购到货单传递至仓储部门生成采购入库单。不同单据在不同部门之间传递，实现信息的实时共享。

## 二、财务共享模式下会计电子档案管理存在的问题

其一，会计电子档案存储存在较大风险。首先，计算机系统存在网络安全隐患。传统会计电子档案只需实现企业内部联网，而基于财务共享的会计电子档案则必须实现外网连接，在外部网络中会计电子档案信息存在较高的被窃取、被人为篡改或删除的风险，且不法行为一旦发生还不容易被发现。

其二，信息系统接口无法对接。基于财务共享的会计电子档案信息在不同系统（会计信息系统、银企直联系统、资金管理系统）之间进行传递，若不同系统之间不能实现无缝对接，则系统之间的数据信息无法传递，财务共享很难真正实现。因此在架构会计信息系统时，应充分考虑数据信息在不同部门之间的传递，实现数据信息的无缝传递。

其三，会计电子档案管理制度不完善。很多企业高层管理人员思想观念较为保守，没有充分认识到会计电子档案对企业的重要性，故没有制定工作制度，更没有提供工作所需的人、财、物支持。

其四，会计档案管理人员素质不高。基于财务共享模式的会计电子档案管理，对企业的会计档案管理人员提出了更高要求。首先，会计电子档案管理人员需要具备会计电子档案管理的意识，但目前他们的工作思维仍停留在传统的会计凭证、会计账簿、会计报表等的管理上，缺乏对财务业务发生过程中形成的会计档案资料进行管理的意识，造成的后果是会计电子档案不能及时归档。其次，会计电子档案管理涉及会计软件应用、管理系统维护、网络安全等方面的专业知识，需要会计电子档案管理人员掌握这些知识，但他们普遍存在专业知识缺乏、知识结构不合理等问题。

## 三、加强财务共享模式下会计电子档案管理的若干对策

### （一）加强档案管理软硬件设施设备建设

配备保存会计电子档案的专用机房，做到防火、防水、防震。加大计算机硬件及存储设备的投入，配备先进的计算机硬件设备，满足会计电子档案管理对硬件设备的要求。加大管理软件的投入，及时与相关的研发企业如会计信息系统、银企直联系统、资金管理系统等的研发企业保持联系，及时升级系统。加强网络安全管理，及时开展计算机系

统病毒防范工作，如安装杀毒软件、安装防火墙等，保证会计电子档案存储安全。

## （二）实现档案信息系统接口对接

一直以来，如何将企业自身系统与财务共享中心云平台实现无缝对接、建立统一的信息系统接口，是一个难题。浪潮集团提出了企业信息系统与财务共享中心云平台对接的解决方案，实现企业系统与财务共享中心云平台的对接；而中国联通依托企业资源计划系统（即ERP系统），规范会计电子档案的文件格式、接入频率等，并制定会计电子档案的接入标准，实现ERP系统、资金系统、报账系统与云数字档案馆系统之间的无缝对接，使会计电子档案顺利归档。

## （三）制定完善的会计电子档案管理制度

2015年财政部、国家档案局联合发布了新的《会计档案管理办法》，新管理办法与1999年施行的《会计档案管理办法》相比有很多新内容，其中第七、八、九条对会计档案管理进行了新的规定，如规定单位内部形成的会计电子档案资料可仅以电子形式保存、附有电子签名的单位外部形成的会计电子档案也可仅以电子形式归档等；第十条至第十九条对会计档案的归档、利用、保管、销毁等进行了明确。企业可根据新《会计档案管理办法》要求，积极建立会计电子档案管理制度，明确会计电子档案保管、借用和归档、备份等工作要求。比如建立会计电子档案查阅制度，规定查阅会计电子档案需得到财务部负责人的同意，并按照会计电子档案查阅流程严格执行，相关人员无特殊理由不得修改、删除会计电子档案；若确实需要修改会计电子档案，修改后需重新进行审核和归档。如中国联通制定了《中国联通数字档案馆档案分类规则、归档范围及保管期限规范》《中国联通会计电子档案归档范围》等规则，确保企业会计电子档案管理有序进行；建立了严格的档案安全权限控制系统，严格控制会计电子档案的查阅权限，敏感的会计电子档案只能通过办理相关手续后查阅；还专门建立了数字档案馆系统，将会计电子档案保存为SWF文件格式，确保文件只能浏览不能修改。

## （四）提高会计电子档案管理人员业务素质

在财务共享背景下，财务部门的一部分人员必将实现转型。据调查，一部分企业采取就地安置财务人员的办法，一部分企业选择部分优秀的财务人员进入财务共享中心，部分员工转岗至企业其他部门如销售部门等。对于留在财务部门或者进入财务共享中心的人员，他们的一项重要工作任务就是要管理好企业电子会计档案，因此首先要正确地认识到会计电子档案管理的重要意义，树立正确的工作理念，并认真学习《会计档案管理办法》等相关规定，不断提升档案管理业务能力。其次要懂得会计工作、会计软件应用、管理系统维护、网络安全等方面的专业知识，只有这样才能胜任财务共享模式下的会计电子档案管理工作。

# 第六节 企业财务管理会计集中核算模式

会计集中核算是近几年来许多企业为了适应市场环境的变化实行的一项新的会计核算制度。会计集中核算可以起到规范企业财务行为、提高资金使用效率、降低筹融资成本、提高企业会计信息质量的作用，对提高企业会计人员的业务素质也发挥了积极作用，但是实际工作中该模式确实显露出一些问题和不足。会计管理工作是关系企业发展的核心问题，为了进一步发挥会计集中核算模式的作用，解决目前已经出现的问题势在必行。本节介绍了Y家居在实施会计集中核算中遇到的问题，并提出了相应的解决措施，以期对实践工作具有一定的指导意义。

随着我国经济的快速发展，企业规模不断扩大，经营形式也日益多元化。在这种情况下，会计管理工作作为企业经营管理工作的关键也随之进行着深化的变革。许多企业改变了原有的会计核算模式，开始实行会计集中核算。这种财务管理方式实现了各个下级单位共性财务工作的集中管理，是实现企业价值最大化的一种先进财务管理模式，是对企业尤其是集团企业人、财、物等资源整合配置的一种有效管理机制。Y家居自2005年开设第一家外地分店开始即实行集中核算制度，到目前为止，各个门店的资金管理、账务核算都由总部财务部统一集中管理。在这些年实施过程中，虽然不断地根据实际情况进行完善，但是目前仍存在着一些亟待解决的问题，本节就目前Y家居会计集中核算管理中存在的一些问题进行一下探讨和分析。

# 一、会计集中核算模式对企业财务管理工作的影响

会计集中核算对会计核算口径进行统一规范。会计集中核算的管理模式是在实际工作中对同一或类似的经济事项运用统一的核算方法进行会计处理，使会计基础数据具有同一性，各项报表及数据的收集更加规范、有效、准确，从而提高了会计信息的质量。总部可以通过会计账面的数据了解、分析所属门店的各项财务信息，及时把握经营情况，做出合理的经营战略调整及部署。

会计集中核算有利于实现资金统一管理。实施会计集中核算可以将所属门店的资金集中统一调配管理，减少企业内部资金冗余沉淀，改善资金结构，切实提高资金使用效益。同时，资金的统一管理有利于降低筹融资成本，减少资金运营风险，提高企业资金安全系数。

会计集中核算可以提高会计人员工作效率。首先，实施集中核算后，Y家居总部统一设置核算人员，根据目前的工作量及会计电算化水平，一般可以一人管理两家门店。其次，核算人员集中，方便了人员管理及信息共享，有利于各项财务数据及财务报表的及时准确出具、上报，有利于提高会计报表的准确性。

会计集中核算有利于高素质会计队伍建设。Y家居近几年培养财务人员基本是按照一线实习、出纳岗位、资金/税政/核算岗位、门店财务负责人的流程来进行的，集中核算模式的实施为人员培养提供了平台，很好地提高了财务人员的业务素质、管理水平及沟通能力，培养了多位门店财务负责人，为产业的壮大和发展提供了保证。

# 二、Y家居会计集中核算的现状

Y家居目前集中核算的门店在总部财务部设专门核算人员，专司相关门店的凭证审核、记账，报表出具，相关数据、报表报送，配合年报审计、年度目标考核，门店账务工作业务指导等工作。门店财务部门设置财务负责人、出纳、收银人员、收费人员。相关业务原始单据每月由门店财务人员定时传回总部财务核算人员处理。每年度终了，核算人员将门店相关凭证、账页等原始资料整理装订完毕，交回门店存档。

各店日常资金由总部财务部统一管理，定时对门店进行资金拨付。筹融资事项由总部财务部统一管理。各店财务负责人由总部委派，负责门店财务人员管理及其他财务相

关工作，部分财务负责人兼任综合部负责人。

# 三、采用会计集中核算模式下企业财务管理存在的问题

实施会计集中核算是改变传统企业财务管理模式的一项新举措，是为了更好地适应企业发展做出的变革。实施会计集中核算后，各门店的资金管理、会计核算职能交给了总部财务部门，门店不再掌握这部分财务工作，但各门店仍是会计核算的主体，承担会计法律责任，由此不可避免地会出现责权的错配及不协调。现阶段，Y家居实施会计集中核算出现的问题主要体现在以下三个方面：

## （一）管理者对会计集中核算的认识不到位

如何发挥会计集中核算的优势，使其更好地为企业发展服务，需要在逐步实现会计核算集中化的过程中总结和完善，这是一个循序渐进、逐步改革的过程。实施会计集中核算的本意是规范会计基础工作，保证会计信息的真实，提高资金使用效益。但是在实际工作中，许多管理者认为将门店的资金归集起来，对门店账务统一处理就实现了集中核算。同时由于门店不再设置核算人员，门店负责人对财务管理工作也不再重视，认为只要总部收上去了就是总部的工作了，不再是门店的工作，只要所需资金可以按时拨付就不再管其他，而总部会计核算人员也只是在为门店记账，只能看到原始单据是否合法有效，而对相应实际经济活动的合规合法性无法保证。认识上的偏差，使得会计集中核算的优势并没有得到充分发挥。

## （二）财务管理工作和内部监督弱化

实施会计集中核算后，会计核算人员集中到总部办公，脱离了各个门店具体工作环境，很难真实地观察到门店日常发生的经济事项，而且一个核算人员往往要同时负责至少两个门店账务工作或者是其他总部相关工作，无力掌握每个业务细节，看到的只是在业务发生之后的相关发票、收据、说明、报告等，这些成了会计审核监督的对象，但是这些原始凭证是否能够真实客观地反映相关经营业务的实质，不得而知，会计人员难以掌握第一手经营资料，从而使得会计监督难度加大。在实际工作中，总部核算人员往往

由于不了解门店经济业务的全貌，会对门店的某些经济业务产生以偏概全的误解，从而影响了业务处理，增加了工作的时间成本。

实施会计集中核算后，所属门店部分会计工作转移到总部，门店内部会计与出纳牵制机制消失，门店出纳有时候履行了会计出纳双层职责，加上部分门店的财务负责人还兼任综合办公室的工作，对财务工作的关注力被分散，而核算人员又只是坐在办公室里做账，强调会计核算表面上的监督，这就使得会计职能不能充分发挥，大大弱化了会计的预测、分析、管理、监督等职能。加之核算人员业务水平的参差不齐，也使得对所属门店的监督会流于表面化、形式化。

按照Y家居现有的集中核算模式，总部核算人员主要通过门店财务负责人了解门店业务情况。但是，财务部门在门店的组织架构中是在综合部下的一个科室，部分门店财务负责人要兼任综合办公室的工作，与门店负责人有着一定的从属关系，从而使其对财务工作的关注度不够，独立性也不够。因此，实施会计集中核算后，会计工作在监督和服务方面都有所打折。

### （三）沟通不畅，考核约束机制不合理

实行会计集中核算后，各门店位撤销了会计核算岗位，在总部财务部设立核算人员分管各门店会计核算业务，但是各门店仍是会计主体，承担会计法律责任。由于各门店实际情况不同，在门店新开或是门店财务人员暂时缺岗的情况下，门店财务负责人需要总部核算人员承担更多的财务工作。但是总部对核算人员的定薪及考核都是根据所处岗位来核定的，并未涉及其具体管理的门店及工作量，这就造成了总部核算人员与门店之间会有工作推诿、沟通配合不畅的情况。这种情况在总部核算人员紧张工作量较大或是门店新开各项业务不成熟的时候比较突出。

## 四、完善企业会计集中核算模式的对策建议

### （一）转变观念，提高认识

会计集中核算有利于提高资金使用效益，提高会计信息质量，降低企业经营风险，是企业财务管理改革的要求和趋势。所以，要提高各级管理人员对会计集中核算的认识，

取得其支持和配合,转变会计核算观念。对门店一把手要有针对性地加强管理意识引导,使其明白会计集中核算对企业发展的好处,同时,会计集中核算并没有改变门店的法律主体地位,会计原始资料来源未变,会计核算基础未变,资金使用权和财产所有权未变。各门店仍是会计责任主体,要对会计核算资料的真实性、完整性负责。Y家居总部财务部门负责会计集中核算工作,需要与各门店形成良好的业务互动关系,做好沟通配合工作,保证会计集中核算工作顺利开展。

### (二)加强制度建设,提高核算水平及服务意识

一方面,进一步完善会计集中核算工作规范,以保障资金安全为核心来梳理工作规范,查漏补缺。所有会计人员要严格按照规范来进行操作,统一认识、统一做法,切实做到同一类业务会计处理一致,避免十个会计九种做法。另一方面,具体负责会计集中核算的人员要树立为门店服务的意识,提高服务质量与服务效率。同时正确行使监督权力,使自身真正成为总部与门店之间的桥梁,通过自身的工作为门店管理建言献策,查漏补缺。

### (三)转变企业会计职能,由核算型向管理型转变

建立会计集中核算,是将会计核算和资金管理从门店的财务部门分离出来,纳入总部进行统一管理,但是仅仅将其作为记账和归集资金的机构是远远不够的,要加强对门店各项经营活动的事前的控制和反馈,在事前就应该明确款项是否该支付,何时支付,单据何时收回,审计结果何时出具等一系列问题,而不是等事情已经发生,款项已经支付后才能明确这些问题,真正从源头上解决问题,防患于未然。只有这样会计集中核算才能获得更大更好的发展,才能为企业经营者提供科学的决策依据和建议,防范经营风险,提高经济效益。

### (四)加强会计队伍建设,建立健全激励考核约束机制

会计集中核算的应用和发展,要求会计人员不但要有过硬的专业知识,还要了解企业的经营模式及经营流程,具有一定的沟通协调能力等,这就对会计人员提出了更高的职业要求,必须不断学习、充实自己,以达到企业发展的要求。同时,应该建立健全会计集中核算人员的激励考核约束机制,根据其所管理的门店结合实际业务量进行考核和

激励，鼓励其提高服务质量，寓监督于服务之中，做到监督与服务的统一。

## （五）明确责权关系，增强责任意识

实施会计集中核算，并没有改变门店的会计主体地位，原始凭证的来源并没有改变，门店相关人员还是要对会计资料的真实性和完整性负责，要对门店的经营风险负责。总部财务部门在集中核算工作开展的过程中，应该切实地将管理监督工作落实到位，不断地针对企业的实际发生的经济业务进行核算，发挥企业内部管理监督工作的实际效益。

综上所述，会计集中核算是现代企事业单位适应企业发展做出的一项财务管理模式的改革，在企业财务管理中起着越来越重要的作用，这种方法虽然在实际应有中具有很好的可操作性，但也存在一定的问题，需要在实践过程中根据企业实际经营情况不断地加以完善，使其向更科学、更合理、更加适应企业发展的方向转变，充分发挥其促进企业发展，实现企业价值最大化的作用。

# 第七节 会计目标成本管理模式

财务是企业经营发展中至关重要的一个管理内容，有效的财务管理是企业得以健康发展的基础保障。本节在企业财务管理中的研究中，主要对目标成本管理模式的应用以及效果进行了分析。

在企业管理中，其核心管理体现在财务上，企业的经营状况经由价值形式进行展现。而成本管理又是财务管理工作中的重点内容，构建科学的成本管理模式对于企业整体财务管理水平具有重要影响。

## 一、会计成本管理的发展

在财务管理出现的初期阶段中，财务管理仅仅是企业中一个附属部分，缺乏独立的管理理念。在工业革命后股份制企业实现快速发展，为获取到发行股票的资金，促使分配效益得以提升，财务管理逐渐向规范化方向发展。但是在进入计划经济的初期，财务管理的目标并非是企业效益，而是实现平均主义。在改革开放的推进下，经济市场发展迅速，也间接地影响到企业财务管理变革的关键因素。在此阶段企业财务管理逐渐形成规模，成本管理也越来越受到各企业的关注，并发挥着至关重要的影响作用。财务成本管理的覆盖范围极大，具体涉及对产品研发与生产期间的成本控制、对产品宣传环节的成本控制等，为此，对于管理人员也提出了较高的要求。

## 二、目标成本管理

### （一）目标成本管理的界定

目标成本管理概念的基础是目标成本，目标成本具体是在一个周期内为确保目标利润实现而设定的一种预计成本，是成本预测与目标管理相结合的产物。目标成本具有多种表现形式，常见为计划成本与标准成本。在目标成本设计过程中，需要充分结合企业整体发展战略目标，在设计完成后可辅助管理者进行成本的预测以及成本管理决策。

综合以上，目标成本管理所指向的是结合企业战略目标，将数据采集与分析作为核心，辅助企业决策层实现成本预测与决策。同时对目标成本进行分解，经由控制分析与考核评价等手段执行成本管理的办法。在目标成本管理中，目标成本设计与核算作为前提条件存在，其根本目的是实现企业效益最大化，以及促进可持续发展。在企业中推行目标成本管理有助于进一步强化成本核算能力，企业内部也能够树立起人人关心成本的企业文化，便于落实经济责任制。另外，执行目标成本管理法对于激发员工的工作积极性，促进成本下降等也均具有积极作用。

### （二）目标成本管理基础环节

实施目标成本管理法的首要工作是将整个企业形成一个责任中心，再分别设置财务与研发以及生产等多个部门，而其中财务部门属于此责任中心的关键部门。在构建责任中心后，要求中心内部所有工作人员均能够明确自身在企业发展与成本管理上所承担的责任。其次，设计科学合理的目标成本。在此环节中，主要内容是明确目标成本管理对象。在确定管理对象之后，依据可行性原则进行目标成本设计。目标成本设计的具体流程为：结合企业战略目标或年初设计的收支预算目标确定目标成本的总额；将目标成本总额分解到各个部门，确定产品生产或研发以及行政管理等各个部门具体的目标成本额。最后，结合各部门被分配的目标成本额，设计各部门的目标成本管理方案，确保成本管理责任落实到部门及个人。

## 三、企业目标成本管理模式的创新

### （一）成本管理创新方向

在以往的目标成本管理状态下，常规所应用的手段是增加产量，由此促使单个产品的成本得以下降。实际上此种办法仅仅是针对成本管理的初级形态，社会经济的快步发展促使财务管理形式也逐渐向多元化方向发展，决定着企业应该实现财务管理模式的转变，最终实现强化成本控制的效果。在现代经济体制中，消费者在商品选择中除倾向于对质量的关注之外，对产品外形与功能以及品牌的要求也在逐步增加，为此，企业方面需要加强关注附属功能服务的设计。以往管理模式无法再满足成本管理的实际需求，需要结合经济发展形势，消费者针对产品关注点实现财务管理目标成本创新。

### （二）树立起全新的成本管理思维

在推行目标成本管理过程中需要结合企业当前成本管理情况，树立起更科学且具有针对性的成本管理观念及思维。①在企业成本绩效评估环节，财务部门不能够将经营成本的增减视为唯一评价标准。财务部门需要对成本的消耗与增效做综合分析，只有这样才能够为目标成本管理的推行提供全面参考。②财务部门需要客观地认识到目标成本管理工作需要渗透到企业经营的全过程，为此，应该做好对企业日常经营与管理各个环节的成本控制。形成全过程成本控制的目标成本管理思维，结合各经营环节的特征设计出针对性的成本控制策略，确保发挥出最大化的成本管理效果。

## （三）产品设计与售后成本管理

针对产品数量与总额的成本控制，是企业传统成本管理。成本管理计划的设计所参考的是企业的实际经营情况，由此对产品生产情况实施动态监督。在市场经济的不断变动下，针对成本的管理不能够仅仅依附于生产过程的控制，要求企业结合市场导向作用，在产品设计到售后的全过程中关注成本控制，强化成本作用的发挥。同时还需要强化针对效益与成本的内在关联，明确最为理想的目标成本控制方案。

## （四）成本管理渗透到全过程

生产部门与会计部门的规划并非涵盖了成本管理的所有内容，还应该进一步了解产品成本动因，促使目标成本管理经济效益实现提升。目标成本管理属于企业发展的关键构成部分。生产环节中产品消耗与成本管理等均属于财务管理中目标成本的关键内容。同时，还应该全面对市场发展规律进行调查，由此对企业实现内部调整，强化各部门之间的配合以及与市场的衔接。另外，在信息技术的高速发展中，企业的发展环境也出现了转变，企业需要做到的是迎合经济一体化机遇，合理应用现代经济技术，由此促使成本控制手段实现优化。总结而言，若想要实现目标成本管理的创新，不能够仅仅在生产环节实现成本控制，还应该在提升效益、销售成本等多个方面进行，参考企业发展状况持续优化目标成本制度。

## （五）时间成本控制

如何强化企业技术改革，提升企业发展以及生产速度，发挥出经济效益最大化的目标，是现代企业价值链的关键。从这一发展规律来看，若想要在竞争日益激烈的市场中不断提升自身优势，于目标成本管理期间还需要加强对时间成本的关注。时间成本控制力度的增加，一方面能够推动企业目标成本实现，另一方面还可促使企业快速地占领市场、缩短决策时间、争取到更大时间资源优势。另外在迎合用户需求的基础上实现成本控制，为此消费者也并非凭借一个因素实现产品选择，除质量之外还涉及更多附加因素。从这一点来看，还应该加强对售后阶段成本的预测。在市场经济发展规律中，强化时间成本管理，有助于推动企业规范化的管理。

　　针对企业目标成本的管理，不可将单一视角作为着力点，需要着眼于企业发展需求，完善对成本规范与核算的计划，实现提高管理水平的效果。在构建成本管理目标后，生产实践期间需要做出可靠的资金规划，优化管理模式，促使企业资金能够实现规范化运行，其整体效益也能够进入到最为理想的状态。在目标成本管理中，目标的明确至关重要，可参考各级各部门职责实现分解，促使各级各部门结合分解后的目标成本小项开展各项工作。

# 第六章 会计管理体制

## 第一节 会计管理体制及其模式

### 一、会计管理体制的含义和内容

会计管理体制是指在会计活动中实施操纵、支配、限制并制定出相关体系的操作规定和机制的部署，还包括根据这个所拟定的相关体系的会计标准。

会计管理体制的内容概括来讲就是各级会计工作管制机构和下级会计核算组织相沟通并决定相互在会计工作管理中的立场和角度的责任和隶属关系。

首先，各级财政部门分级统一管理本地区的会计工作。各级业务主管部门以及基层单位在受上级或同级财政部门主管部门的指挥领导过程中，在统一遵守国家会计法律法规制度的前提下，有权根据本部门、本单位实际情况灵活组织会计事务和处理会计工作的权利。其次，会计准则以及统一的行业会计制度的制定权在我国财政部；各地区、各部门可制定本地区、本部门的会计制度或补充规定，并且报告给财政部备案。各单位也可以在遵守会计准则、行业统一会计制度和地区或部门会计制度的前提下，来制定本单位的会计制度。最后，会计人员的业务管理主要由财政部门负责，会计人员的人事管理主要由业务部门负责。

## 二、会计管理体制的作用

有利于加强企业内部控制。会计管理体制对单位自身的会计工作控制有着关键的影响，会计管理体制的完善可以巩固企业自身控制，较科学地掌握和筹划企业的会计工作，带动企业迅猛成长，使单位的经济步入一个崭新的台阶，由此来看，一个规范、有效、科学的会计管理体制对一个单位是不可或缺的。会计管理体制能够保证企业会计信息的精准和可信赖度，全方位控制企业的经济活动，提高投资者对企业的约束和掌握的能力。企业要想巩固自身的会计管理体制的发展，全面地把握企业会计管理的约束力，并迅速扩大企业的经济发展，就必须从根源上控制经济活动，彻底地遏制会计违法违规现象，把企业的违规罚款削减到最低，大大减少企业不必要的经营成本。

有利于国家宏观调控。会计信息是我国会计管理体制的重要组成部分。国家为了更为有效地进行宏观调控，必然要求会计所提供的信息能满足国家宏观调控的需要，国家对会计活动进行干预也就成为一种必然。与之相对的，必须要在满足可以推动和指引经济活动的发生和从广义上发展经济的方向为目标去制定企业会计准则。会计准则拟定者的这一认为，加快了把会计准则的拟定转变成为政治经济学范畴的一部分，这同时也展现出国家从广义上统筹经济活动的关键部分。

有利于协调企业利益关系。企业的会计信息反映了企业一定时期的财务状况和经营成果，这些财务状况和经营成果体现了一定的经济利益关系。在企业会计信息中对于经营成果的表现，不仅包括企业向国家税收机关交付的税款总额，还应包含企业向所有者和债权人支付的利润或利息，还应表现为企业能否按时支付所欠债务。会计管理体制对企业的经济发展有着巨大的影响，它可以从根源避免企业利益主体人与企业之间的账务或资金的冲突，确保企业的经济活动全面正常运作，还会确保企业的会计行为有效、合法，从而加强对企业会计工作的管理和制约，确保企业经济主体在完全正常的条件下实施和健康发展，从而全面协调企业的各种经济关系。

## 三、会计管理体制存在的问题

会计内部建设和会计监督机制不健全。因为对于一个单位来说，单位经营者可以控制着整个企业自身的会计监管人员的调转、离职以及薪酬等，这些严重影响到个人的实际权力，个别单位经营者往往为了应付有关部门的检查，不惜扭曲事实，已经失去了会计信息应有的公正性，企业也随即出现大量的贪污腐败现象。企业会计管理者及会计人员权力形同虚设，毫无威信可言，加上会计基础工作薄弱，会计监督能力薄弱，单位财经纪律杂乱，会计管理能力差，单位自身约束力和管理能力薄弱，同时社会监督和政府监督体系不健全，导致单位会计出现违法违纪的现象比比皆是，会计信息造假事件频发，对我国正常的社会财经管理纪律造成恶劣影响，同时给经济的进步带来极坏的负面影响。

管理人员不重视会计管理制度。在现行的会计管理体制中，单位负责人员容易看轻会计管理体制的规则，不注意会计管理体制的确立和修正，使得会计管理体制更多地成了样子。当前我国一些企业的管理领导者单纯片面地把实施会计管理工作认为是使企业人力资源和物力资源产生不必要的消耗，因为当单位经营操作时忽视会计管理制度的执行，给会计管理制度造成恶劣的推行情况，更过分的还会把会计管理体制当成应付监督机构检查的一项手段。某些单位经营者思维意识比较落后，对当今会计管理情况认知匮乏，没有科学合理的经营思想，也没有把会计管理的实施变成单位高效率经营的主要事件，因此也就无法认识到会计管理体制对于一个企业的重要性；对于会计管理体制缺乏应有的全面认识和仔细了解，也没有深究对于会计管理体制的一些理论研究，这些都将影响到会计管理体制的确立和修正，导致会计管理体制表现不出它在企业经营中存在的价值，形同虚设，严重影响到一个企业的发展。

会计人员法律意识淡薄。在企业中，财会部门是一个很重要的部门，但是在我国屡屡出现了会计管理失控的现象。究其原因，虽然我国陆续颁布了公司法、会计法、注册会计师法等相关法令条款，但是一些单位负责人缺乏对这些会计规章的了解，许多不法事件仍然不断涌现，造成了许多单位会计工作人员出现了有法不依、执法不严的情况。这样的会计工作人员势必对企业的发展造成不小的负面影响，进而影响整个市场的经济。我国有关财政部门、审计机构、税收机构、金融机构等其他相关机构均多多少少地负责一些对单位会计工作人员以及注册会计师进行监督和约束的责任，但是有些彼此沟通不畅，协作不完善。

会计管理体制现状包括企业的会计管理体制现状和机构的会计管理体制现状，它们是我国会计管理体制整体现状的主要外在表现，既有会计管理体制及模式中存在一定的不足，主要包括企业会计管理机制效用欠缺、企业会计管理体制与行政管理规范欠缺标准性。因此，针对优化会计管理体制及其模式的措施探讨值得会计从业人员深入思考。

伴随经济社会的持续变迁和社会主义市场经济环境的持续优化，会计管理体制对一国经济活动的反映、监督和控制作用正在发生变化，包括会计管理体制存在僵化可能性、会计管理体制无法适应国际经济环境等等，使得会计管理体制不得不需要及时地升级和换代。因此，针对会计管理体制及模式的优化分析是具备前瞻性和必要性的。

## （一）企业会计管理体制现状

由于企业组织制度及经营规模的差异，不同企业会计管理体制现状不尽相同，但是普遍特征依然存在。一是会计监督方法的选择不当。由于个别企业的会计管理体制过于简单，企业通常不会科学选择配套的会计监督机制，比如会计监督部门不健全、会计监督流程的实质性不强等不足，使得企业的会计活动难以受到有力的监督和独立控制。二是会计管理体制的变革机制有待完善。由于企业对会计管理成本的考虑，不少企业基本不考虑会计管理制度及模式的持续改进和完善机制，使得企业会计活动的效率提升过程存在难度，也就是说，如果企业会计管理体制无法及时地引入新技术、先进管理模式的核心内容，企业就无法充分地改进内部治理结构、优化会计活动分工，最终影响到企业综合管理水平的提升。

## （二）机构的会计管理体制现状

作为社会主义市场经济活动的重要风向标，政府机构以及专业机构的会计管理体制对企业会计管理体制形成一定程度的引导作用，具体而言，这包括两方面内容：一方面，是行政事业单位的会计管理体制现状。由于《政府会计制度》的持续完善和深化执行，行政事业单位的会计管理活动具备明显的模范导向和科学目标，包括会计和预算会计并行的会计核算体系，同时也包括收付实现制与权责发生制的转化和升级，使得各级行政事业单位的会计活动更为合法、合规和高效，最终有助于财政资金使用效益、单位公共服务供给质量的稳步提升。另一方面，是以非行政事业单位性质专业机构为主的会计管理体制现状。由于财政部、总会计师协会、会计学会、注册会计师协会对国家会计规范制度及立法的影响巨大，我国会计管理体制现状主要体现为"统一领导、分级管理"的层级分布，也就是说，各级会计人员、各类资质的会计管理人员受到专业机构的影响和监管，包括资格考试、资格认定及评估和会计职称评审等活动受到专业机构和协会的管理和监督，从而保证会计人员的从业合规性和合法性，因此，我国基于会计专业监管机构或协会的会计管理体制基本完善。

### （三）会计管理体制及模式中存在的不足

由于我国市场经济与全球经济接轨程度不断加深，加上改革开放具体政策的不断深化落实，目前会计管理体制及模式中依然存在一定的不足，具体而言，主要体现为两方面内容：一是企业会计管理机制的效用欠缺。由于企业制度章程、会计法律法规的执行懈怠，企业会计管理制度要求的会计核算流程、授权原则等机制难以发挥改善企业经营管理的作用，甚至出现企业会计人员刻意违规的现象，从而影响企业会计管理机制的健康运转。二是企业会计管理体制与行政管理规范欠缺标准性。由于众多企业的国有性质较强，其会计管理体制需要与行政管理规范同时执行和应用，同时二者的优先级确定并无标准流程，使得个别经济事件的核算监督受制于多方面因素，导致因权限不足、权力越位出现的监督困境现象偶尔发生。

## 四、优化和改进会计管理体制的可行措施

### （一）明确认识企业会计管理体制的创新方向

为确保会计管理体制的合理化趋势增强，会计从业人员及监管人员都需要明确认识到未来会计管理体制的创新方向，从而保证自身专业技能和认识水平能够与时俱进，最终有助于我国企业会计管理体制的持续优化。一是企业会计管理体制对市场经济需求的适应。由于社会主义市场经济制度及法律的持续完善，同时现阶段的社会主要矛盾发生变化，市场经济中的新产业、新技术活动需要会计管理体制来衡量价值、反映社会现状，因而会计管理体制也就需要更新底层理论和技术支持，从而保证会计管理机制的更新换代。比如，引入大数据技术形成创新的会计监督机制。二是企业会计管理体制的独立性趋势更强。如若会计管理和监督活动不再受制于机构运转效率、政治性影响，那么就称为会计管理体制是独立于市场价值交换的，从而保证会计活动、会计监管活动具备充分的可靠性和合规性。三是企业会计管理体制的社会性质转变。由于企业会计管理体制需要协调企业主体的经济权力和责任，加上会计管理机制的社会责任更强，企业会计管理体制需要不仅对社会负责，同时也对非企业经济主体负责，以维持健康的经济社会秩序。四是企业会计管理体制的全球化趋势不会削减。这需要企业会计管理体制逐步地探讨和比对与国际优秀规范的差距和不足，通过对会计管理规范的国际板块内容进行持续更新，

以便于我国企业会计管理体制的全球化趋势更强。

## （二）持续完善会计监管机制及其体系

要确保会计管理体制科学性持续增强，就需要持续完善针对企业的会计监管机制及其体系。一方面，需要持续完善企业内部的会计监督机制。这需要企业不仅保证会计人员具备相应的内部监督部门，同时对会计人员的会计活动进行留底式的记录和监督，包括背书留底、报表编撰责任人记录、资金审批记录等等，另外，还可以运用内控管理工具加强会计活动的权责控制和监督，以保证企业内部会计活动的全面强力监督。另一方面，需要拓宽来自企业内外的会计信息监督途径。这需要企业不仅从自身内部设计会计信息监督机制，同时持续地拓展来自企业外部经济主体的会计监督信息机制，包括聘请独立专业评估机构、参与企业会计的专业协会、采用透明化程序化的信息披露方法等等，以保证企业会计信息的可靠性足够强，最终充分发挥会计管理体制的真实职能。

## （三）完善构建适合多种经济主体的会计管理体制

由于会计管理模式不仅是对企业活动的反映和控制，同时也是对社会多种经济主体活动的监督和反映，优化会计管理体制就需要构建适合多种经济主体的会计管理模式。一是持续优化非企业主体的会计管理体制。尽管企业会计管理模式对我国会计管理体制形成主要影响，但是非企业主体的会计管理体制同样需要持续改进，包括政府机构、公益机构、社会团体以及行政事业单位等一系列具备经济活动能力的非企业单位，它们的会计管理制度也需要持续改进或完善，从而保证我国会计管理体制的普世性和系统性，以发挥出会计活动对国民经济现状的充分反映和监督。二是健全多种经济主体下的会计管理革新机制。这需要会计行业的资深学者引领成立创新研讨学会、调研委员会等社会团体，对国有企业、民营企业等多种性质企业和行政事业单位、公益单位等非企业性质单位的会计管理机制进行研究和创新探索，最终保证会计管理体制对经济社会的充分适应。

会计管理体制对企业主体、非企业经济主体的经济活动发挥有力的监督和反映职能，但是如若社会经济的发展速度超越体制优化速度，那么多种经济主体下的会计管理模式将会难以发挥真实效用，因此，会计从业人员需要持续探索改进会计管理体制的可行措施，包括明确认识企业会计管理体制的创新方向、持续完善会计监管机制及其体系等。

## 五、探析新经济环境下企业会计管理体制改革的具体策略

### （一）树立现代化会计管理理念

综合来看会计管理体制的改革，并非仅仅将原有管理思想及管理理念进行转变，更是将现代化理念作为依据，系统分析、设计以及决策会计管理的整个过程。当前处于高速发展的新经济形态背景下，企业应跳出传统会计管理理念的束缚，对全新的且符合当前新经济发展态势的良性管理理念进行树立，并将此种全新的管理理念作为直接依据作出会计管理的决策。只有将科学高效及现代化的会计管理理念作为企业会计改革的原则，才能保证企业会计管理和企业长远发展目标二者之间的有效融合，进而借助会计管理促进企业战略目标的实施。所以，企业会计管理的相关工作人员以及职能部门需要将企业的实际状况作为依据，对全新的符合新经济发展趋势的会计管理模式进行积极探索，进而提升管理的现代化水平，拓展企业会计管理体制改革与发展的深度。

### （二）创新会计管理监控制度

会计管理监控制度创新目标的实现是对会计管理持久作用相关制度的直接保障，更是企业会计管理体制创新工作的重中之重。企业统筹企业当前会计管理监控制度的现状，总结不够完善的部分，并将其作为直接依据对制度体系进行进一步规范，从而使全新的管理制度得以构建，实现制度化人员管理和资金管理的目标。第一，企业需要将相应的约束和控制条例在制度中进行明确，进而保证会计工作的规范性。同时需要对企业各个部门单位的内部控制管理力度不断提升，并持续完善会计监控体系，将内控机制的作用最大限度发挥，进而使得会计管理工作的实用性得到切实提升，杜绝不规范会计行为的发生，进而使得会计管理工作质量水平得到提高。

### （三）强化会计管理队伍建设，提升管理人员综合素养

随着新经济时代的不断发展，对会计管理工作的要求越来越高，相应地对企业会计管理工作者的工作能力也提出了新的要求。企业要提升经济环境对会计管理工作各类影响的重视程度，不断强化会计管理队伍的建设力度和培养力度，进而对管理人员的业务能力和管理能力进行提升。首先，企业要对会计管理队伍人员的招聘和选拔提高重视，

综合考量企业会计管理工作的实际需求并将其作为人才招聘和选拔的直接依据，将企业长久发展目标作为会计管理人员招聘和选拔的原则，进而对满足企业会计管理工作需求的会计管理队伍进行构建。同时可结合企业会计管理工作现状对人才培育机制进行建立，在企业会计职能部门内部进行具有管理能力人员的选拔，提供针对性的学习平台和培训机会，进而为企业培养更多高素质的会计管理人员。其次，需要对会计管理队伍相关工作人员的职业精神进行培养和提升，借助思想教育活动对其时代认识进行强化，使其可将时代发展趋势、经济发展现状以及企业实际状况进行有机结合，并将其自身工作的岗位性质作为出发点，展开创造性的管理工作，使得会计管理工作的效率和质量不断得到提高，进而推动企业会计管理体制改革的有序进行。

### （四）细化对应的会计管理条例和细则

创新体制有利于单位部门自主性的强化和提升，而管理体制的创新有利于推动企业会计部门会计工作有效性的提升，进而使得会计管理工作可以更加高效地进行。所以说处于当前新经济环境下，企业会计部分需要不断优化创新自身会计机制，进而推动会计管理体制的改革工作。将《会计法》《企业会计制度》作为条例和细则的直接依据，进而确保会计工作制度的合理性及合法性。需要注意的是改革工作推进过程中应将部分的实际状况作为根本依据，对其进行深入调查后对全局观念进行树立，强化企业会计部门的超前意识，在日常工作中贯彻企业发展观，对企业现有的各类会计管理条例及细则进行细化和改革，并将其作为会计管理人员日常工作推进的直接依据，进而在对企业会计管理体制不断规范的同时促进其改革。

综合上述所言，企业处于当前新经济环境的激烈竞争下，要想在激烈的市场竞争中占有一席之地并获取长久的发展，必须对会计管理体制进行创新和改革，以适应当前社会发展的整体趋势，并且对企业发展过程中会计管理工作不断提升的需求进行满足。企业管理层要对会计管理体制改革的重要性和迫切性有明确的认识，并将新经济背景于企业会计管理的影响作为直接依据，然后结合企业发展过程中会计管理工作的实际需求和特点对会计管理体制进行优化和改革，进而达成会计管理环境不断优化、会计行为规范性提升的目的，会计管理工作的效率和质量均得到有效提升，有利于企业良好有序地发展。

# 第二节 会计管理体制的形成和曲折

我国的会计管理体制，是和财政、财务管理体制紧密相关的。新中国成立初期，为克服国民经济极度混乱和困难的局面，我国在经济战线上开展了统一国家财经，争取国家财政经济状况根本好转的斗争。在统一国家财政收支和统一经济管理中，形成了我国以高度集中统一为主要特征，按行政隶属关系实行适度分级管理的财政、财务管理体制。会计工作作为财政经济工作的基础和重要组成部分，其管理体制也相应地逐步形成。

我国的会计管理体制，在改革开放以前的长时期中，主要是通过会计制度拟定、实施和决算报表的编、审来体现的。

## 一、预算会计制度的统一和预算会计管理体制的形成

为统一国家财政收支，1950 年 3 月，政务院公布了《中央金库条例》。随后，财政部制发了《中央金库条例施行细则（草案）》，首次对金库会计制度做出了原则性规定。统一金库会计制度是我国统一预算会计制度的开始。

1950 年 12 月，财政部制发了适用于各级财政机关的《各级人民政府暂行总预算会计制度》和适用于各级各类行政事业单位的《各级人民政府暂行单位预算会计制度》，并从 1951 年开始施行。这两项预算会计制度的颁布实施，不仅实现了我国预算会计制度的统一，而且规定了"统一领导，分级管理"的预算会计的分级组织体系。《各级人民政府暂行总预算会计制度》规定："各级人民政府总会计的分级是，中央总会计，大行政区或自治区总会计，省（市）总会计，在专员公署财政科不设总会计，但可视工作需要由省委托代理总会计。各级人民政府之总会计，在业务处理及制度实施上应受上级总会计之指导与监督。"《各级人民政府暂行单位预算会计制度》规定的单位预算级次是："凡与总会计直接发生领报关系的机关，其会计为一级单位会计；凡与一级单位会计直接发生领报关系的机关，其会计为二级单位会计；凡与二级单位会计发生直接领报关系的机关，其会计为三级单位会计……""各级单位会计在业务处理及制度实施上应受各该上级单位会计之监督与指导。上级单位会计应受各该级人民政府总会计之监督与指导。"

1951 年 7 月，我国第一个《预算决算暂行条例》由中央人民政府政务院正式发布，对预算、决算的分类，组成体系，预算的编制及核定，预算的执行，决算的编造及审定等做出了具体的规定，《条例》不仅规定了我国基本的财政管理体制，而且也将我国会计制度规范的预算会计管理体制用国家的行政法规肯定了下来。同时，《条例》还规定："各级企业主管部门，应将所属企业机构之预算拨款、预算缴款部分，报经同级财政机关分别列入各该级总预算、总决算。""前项预算拨款、预算缴款，应根据各企业机构年度财务收支计划，及年终决算编报数额，分别编列之。"这一规定实质上把企业财务收支纳入了国家预算、决算体系，从而也为企业会计管理体制的形成提出了基本原则。

各级总会计和单位预算会计的职责权限，根据《预算决算暂行条例》和两项会计制度的规定，可归纳为：

1.各上一级总会计和单位会计在业务处理和制度实施上对其所属下级进行监督和指导。这里所称业务和制度，实际上包括财政、财务、会计业务和制度；

2.各上一级总会计和单位会计对其下一级编报或汇总的会计报表进行审核、汇编，如发现编报机关之决算有错误、遗漏或重复等情况，应更正数字汇编，并通知原编报机关。如发现有匿报、伪造或违法之收支，除更正数字外，并应依法处理。

3.必要时对下级会计主管人员变更办理会计交接时进行监交。

## 二、企业会计制度的统一和企业会计管理体制的形成

统一国营企业的会计制度和会计工作管理是统一企业管理的基础，对此，新中国成立伊始，中央政府就给予高度的重视。1950 年 3 月政务院财政经济委员会发出《关于草拟统一的会计制度的调令》以后，即开始了企业统一会计制度的草拟工作，并陆续印发并经财政部审查核定，由重工、轻工、纺织、铁道等部门拟定的本部门所属企业和经济机构的会计制度草案，1951 年，财政部门开始统一拟定各主要行业的统一会计制度。

1952 年 1 月，政务院财政经济委员会发布了《国营企业决算报告编送暂行办法》。《办法》虽然主要是对企业决算报送问题的规定，但根据《预算决算暂行条例》有关规定制定的这个《办法》，实质上体现了我国企业会计管理体制的雏形。

按《暂行条例》规定，各级企业主管部门根据所属企业财务收支计划和年度决算汇编的预算拨款和缴款是各级总预算的组成部分。从而明确各级总会计（即各级财政部门）

为各级企业会计工作的管理部门。

《办法》规定，基层企业的月份计算报告、季度的结算报告和年度的决算报告，按隶属系统报主管企业机构或主管企业部门；各级企业主管机构对所属企业上报的决算报告，应逐级审核、批复、汇编、加注审核意见，转报主管企业部门及其同级财政部门，主管企业部门对于所属主管企业机构及直属各基层企业上报的决算报告，应予审核、批复、汇编、加注审核意见，送同级财政经济委员会及财政机关。这些规定包含两层含义：其一，按隶属关系，企业主管部门与企业主管机构之间（即上下级企业主管部门）以及企业主管部门（企业主管机构）与企业之间在会计管理体制上属于上下级的关系；其二，财政部门与同级企业主管部门（或机构）之间在会计管理体制上属于管理与被管理的关系。

在企业内部，《办法》体现了企业行政领导对本企业会计工作负领导责任的要求。

根据《条例》和《办法》的规定，各级财政部门和各级企业主管部门、企业主管机构在会计管理方面的职责权限，可以归纳如下：

与预算会计管理体制相同，各级财政部门和企业主管部门（机构）对其所辖和所属企业的会计工作在业务处理和制度实施上进行监督和指导。

财政机关审核主管企业部门报送企业决算报告，在"审核决算报告时，得向主管企业部门或通过主管企业部门向主管企业机构、基层企业查阅账册，调取证件报表及其他有关资料"。财政机关对审核的决算报告提出书面意见，"财政机关与主管企业部门对于审核决算报告的意见不能一致时，应由各级财政机关分别提请政务院或大行政区（中央直属自治区）人民政府（军政委员会）解决之"。

主管企业机构及主管企业部门审核批复所属企业的决算报告，并汇编上报。"审核所属上报的决算报告时，如发现错误，应予查明更正……改进意见应在财务情况说明书内叙述"。

对会计制度的制定权限做了相应规定。例如，《暂行办法》规定：省市以下所属公营企业决算报告的编造、报送及审核办法，由各大行政区（中央直属自治区）人民政府财政部比照本办法规定拟定，报中央人民政府财政部批准施行。《暂行办法》还规定："会计报表的格式及所列的项目，除中央人民政府财政部已有统一规定者外，应由主管企业部门于统一会计制度内规定之。属于成本报表者，由中央人民政府财政部统一规定。"

这一时期，在会计管理工作的范围内，曾对加强会计队伍管理有过讨论研究，如在财政部主持召开的第一次全国企业财务管理及会计会议上，曾经讨论过《会计主管人员职务、权利、责任暂行条例》（草案），因种种原因，这一条例未能公布施行。关于会计管理机构的设置，在财政部门，除财政部设有专司会计制度设计、制定的会计制度司外，日常会计工作的管理是由各级财政部门设立的业务司（处、股）分别执行的。在各级企业和行政事业单位一般也设有会计机构或专职会计人员。

回顾历史，可以看出，建国初期，适应我国政治体制、经济体制的需要，我国会计管理体制的基本框架是中央财政部统一管理全国的会计工作；大行政区（后撤销这一级建制）、省、市等各级政府财政部门管理本地区的会计工作；各级企业事业主管部门管理本系统、本部门的会计工作；各基层企业事业单位的行政领导管理本企业、本单位的会计工作。这一基本框架虽在之后也遭挫折，但总体来说，全国的会计工作仍在按该体制运行，而且成为以后会计管理体制改革和完善的起点。

# 第三节 会计管理体制的恢复、健全和发展

我国国民经济及社会生活的各个方面的发展进入了一个新时期，会计工作也迎来了前所未有的崭新局面。遭到破坏的会计管理运行机制也得以恢复，并随着政治、经济体制改革的深入而发展和完善。

## 一、《会计人员职权条例》的修订和颁布

为了迅速恢复会计工作秩序，明确会计人员的职责、地位、工作权限等，以充分调动广大会计人员工作的积极性，财政部在总结 1963 年颁布的《会计人员职权试行条例》实施经验的基础上，做了修订，提请国务院审议，新的《会计人员职权条例》很快经国务院审议通过，并于 1978 年 9 月 12 日颁布实施。《条例》除对原试行条例的 5 章做了适当修改外，增加了"总会计师"和"技术职称"两章。《条例》中对会计机构的设置、会计人员的职权等做了明确的规定。

《条例》的发布实施，对会计工作的全面整顿和恢复发挥了积极的保证和推动作用，其中有关会计机构、会计人员的规定，尤其是对总会计师、会计技术职称的明确规定，

不仅极大地调动了广大会计人员的工作热情和积极性，而且对恢复和逐步完善我国的会计管理体制具有十分重要的作用。

## 二、财政部会计制度司的恢复

为了加强对会计工作的领导，报经国务院批准，财政部于 1979 年 1 月恢复为了会计管理制度的职能机构——会计制度司；1982 年，在国家机关机构改革中，为适应会计工作发展的需要，会计制度司更名为会计事务管理司。其职责主要包括：

主管全国会计工作，了解、检查会计工作情况，总结交流会计工作经验，研究拟定改进会计的措施。

制订和组织贯彻实施各项全国性的会计法令、规章制度，检查各地区各部门拟定的会计制度办法。

制订全国会计人员培训计划，推动和协助各地区、各部门进行会计人员培训工作。管理全国会计干部技术职称工作，会同劳动人事部制订会计干部技术职称的各种规定办法。

制定有关会计师事务所的规定和管理办法，指导监督各地会计师事务所的工作，制发注册会计师执照。

审批外国会计公司在华设置办事机构，管理监督其业务活动。

组织编写和审定全国统一会计教材。

负责本部门会计研究生的教学和研究指导工作。

办理中国会计学会的日常工作。

财政部会计事务管理司的上述职责，较之会计制度司的时代是大大地扩展了，成为名副其实的主管全国会计工作的机构，同时也说明，国家对会计管理工作越来越重视。

财政部会计制度司的恢复和更名，以及会计事务管理司职权的拓展，标志着我国新时期会计管理体制的恢复和逐步发展。

## 三、各部门、各地区会计管理机构的恢复、建立

随着经济体制改革的逐步展开和国民经济的恢复发展，会计工作在经济管理中的重要地位和作用日益显现，各部门、各地区也随之普遍加强了对会计工作的领导和管理。

国务院各业务主管部门迅速恢复或组建了管理本部门会计工作的专门机构,其职能主要是组织和管理本部门、本系统的会计工作,在与国家统一的会计制度不相抵触的原则下,制定适用于本部门的有关会计制度的具体办法或者补充规定,组织本部门的会计人员培训工作,以及从事本部门其他的会计管理工作。

20世纪80年代初,山西和贵州率先在省财政厅设立会计管理专门机构,80年代中期以后,各省、自治区、直辖市财政厅(局)也先后成立会计管理的专门机构——会计事务管理处(有的称为会计处),并在绝大多数的地、市、县财政部门陆续成立了会计管理机构(会计事务管理科、股等),一些乡镇财政所也设置了会计管理机构(会计事务管理组)或设有专人负责会计管理工作。各级地方财政部门的会计管理机构的职能主要是负责本地区的会计管理工作,如负责国家统一的会计法规、制度在本地区的贯彻实施,制定本地区的会计法规、制度、办法,组织本地区的会计人员培训,负责本地区的会计人员管理工作等。

各部门、各地区会计管理机构的恢复、建立和完善,适应了新时期经济发展对加强会计管理工作的要求,进一步完善了"统一领导,分级管理"的政府主导型的会计管理体制,保证了国家有关会计方面的法规、制度得以顺利贯彻实施,为我国会计工作的加强、发展和创新奠定了基础。

## 四、《会计法》的颁布和会计管理体制的法制化

1985年1月六届全国人大常委会九次会议审议通过了新中国第一部《会计法》,并以中华人民共和国主席令公布,于1985年5月1日开始实施。而后,1993年12月,八届全国人大常委会五次会议对《会计法》进行了第一次修订。

《会计法》第一次以国家法律的形式,对我国会计工作的管理部门和管理权限等做了明确的规定:"国务院财政部门管理全国的会计工作。地方各级人民政府的财政部门管理本地区的会计工作。""国家统一会计制度,由国务院财政部门根据本法制定。各省、自治区、直辖市人民政府的财政部门,国务院业务主管部门,中国人民解放军总后勤部,在同本法和国家统一的会计制度不相抵触的前提下,可以制定实施国家统一的会计制度的具体办法或者补充规定,报国务院财政部门审核批准或者备案。"

对会计机构的设置和会计人员职责等,《会计法》明确规定:各单位根据会计业务

的需要设置会计机构，或者在有关机构中设置会计人员并指定会计主管人员。不具备条件的，可以委托经批准设立的会计咨询、服务机构进行代理记账。大、中型企业、事业单位和业务主管部门可以设置总会计师。

《会计法》对中央和地方、财政部门和其他业务主管部门之间会计管理范围和管理权限的划分和规定，使我国的会计管理体制以国家立法的形式得以确立，标志着我国政府主导型的会计管理体制逐步完善并步入了法制化的轨道。

## 五、《会计改革纲要》的发布和会计管理权限的进一步明确

20 世纪 80 年代以后，随着经济体制改革的逐步深入，要求对会计工作进行全面的改革，以促进会计管理工作的全面发展。

1990 年 11 月，在财政部主持召开的第三次全国会计工作会议暨全国会计工作先进集体和先进会计工作者表彰大会上，重点研究了会计改革问题，会上讨论了财政部经过多年酝酿研究提出的《会计改革纲要（试行）》（讨论稿）。该文件经会议讨论、修改，于 1991 年 7 月发布试行。在总结试行经验的基础上，经过 1995 年全国会计工作会议讨论修改，新的《会计改革和发展纲要》于 1996 年颁发施行。《纲要》明确提出新时期会计改革的总体目标是：建立适应社会主义市场经济发展要求的会计体系。提出：适应转变政府职能要求，在会计事务的宏观管理中，逐步实现以会计法规为主体，法律、行政、经济手段并用，有利于改善和加强宏观调控，同时可以发挥地方、部门、基层核算单位积极性和创造性的管理体制。随着《纲要》的实施，适应经济体制改革进一步深入和建立社会主义市场经济体制的要求，在政府机构改革中，会计管理体制也不断得到改革和完善。

适应建立社会主义市场经济体制的需要，为进一步深化会计核算制度改革，1996年 1 月，财政部制发了《关于深化企业会计核算制度改革、实施会计准则的意见》。这一文件的第三部分"组织领导和分工协调"规定：根据《会计法》规定的会计管理体制和"统一领导，分级管理"的原则，各级财政部门和国务院业务主管部门应当加强对会计准则和行业会计核算制度实施工作的组织领导，做到合理分工，并搞好协调。文件明确：财政部统一管理全国的会计核算工作，具体负责：（1）统一制订会计核算制度改革的总体方案，指导会计准则和行业会计核算制度的实施工作；（2）统一制定并解释会计

准则和行业会计核算制度；（3）统一组织会计准则和行业会计核算制度的实施；（4）统一制定培训规划和培训要求，统一编写培训教材；（5）对各地区、各部门组织实施会计准则和行业会计核算制度的情况和效果进行监察和考核；（6）对各地区、各部门制定的有关补充规定和实施办法进行审查和批准。

关于地方财政部门的管理范围和权限，明确规定：各省、自治区和直辖市财政厅（局）按照法定权限和财政部的统一要求，负责管理本地区会计准则和行业会计核算制度的实施工作。并对各项具体工作的职责、权限做了规定。

关于各部门的管理权限，文件规定：国务院各业务主管部门、中国人民解放军总后勤部按照法定权限和财政部的统一要求，管理本部门的会计核算工作。同时，也对各部门有关具体工作的职责、权限等做了明确的规定。这些规定虽然主要是针对会计准则和会计核算制度的管理，但所体现精神同样适用于其他会计管理工作。可以说，这一规定对我国新时期会计管理体制做出了明确、完整、系统的规定，标志着适应社会主义市场经济需要的会计管理体制的成熟。

# 六、两次政府机构改革对政府会计管理职能的调整

根据国务院机构改革方案，将财政部的会计事务管理司改称为会计司。主要职责是：管理全国会计工作，拟订或制定全国性的会计法律、规章、制度、规划，组织和会计管理人员的业务培训，负责全国会计职称管理工作。

在老河口市、襄樊市（现襄阳市）进行设立会计局试点的基础上，湖北、河南、河北、山东、山西等地也纷纷进行了设立会计局的试点。到1998年底，全国设立会计局167家。尽管各地会计局的管理体制、内部机构设置等有所不同，但其管理范围、管理方式等大同小异。管理范围基本上包括会计人员管理、会计制度管理、会计电算化管理、其他会计事务管理等；在对会计人员的管理方式上，前期大都采取"间接管理"方式，即会计人员的调动、任免、业绩考核、专业技术资格的评审等由会计局统一管理，工资福利、晋职晋级、人事档案由各部门自行管理，会计局协调配合。

设立会计局，是深化会计事务管理工作改革的一个大胆尝试。这样做有三条好处：一是随着机构的建立，力量进一步充实，职责进一步拓宽；二是各级领导更加重视会计工作，提高了会计的社会地位；三是可以更好地为会计人员服务，为各单位做好会计工

作服务。

会计委派制度的试点。进入 20 世纪 90 年代以后，特别是"整顿会计工作秩序的约法三章"被提出以后，为适应经济体制改革，整顿会计工作秩序，加强党风廉政建设的需要，不少地方进行了以会计人员委派制为主要形式的会计人员管理体制的改革试点。

这项改革试点最早在湖北省利川市（对国有企业委派会计人员）、江苏省苏州市的用直镇（对集体企业委派会计主管）以及深圳市、上海市（对大型国有企业委派财务总监）展开。经过试点，会计委派工作取得了明显的成效，引起了各级党、政部门的高度重视。在 1998 年、1999 年召开的中纪委全会上，作为反腐倡廉、标本兼治的措施之一，中纪委正式提出试行会计人员委派制。此后，各地区纷纷组织试点。据不完全统计，截至 1998 年底，全国共有 105 个地级区（市）、414 个县（市）进行了会计委派制的试点，直接或间接委派会计人员达 14472 人。

从试点的情况看，会计委派制的主要形式有：一是直接管理形式，二是委派财务总监的形式，三是委派主管会计的形式，四是财会集中制形式（也称为"零户统管"形式），五是乡镇集体企业会计主管人员委派形式，六是对农村集体经济组织实行账目集中核算管理，七是企业集团内部由集团（或总公司）向下属企业委派会计人员的形式。

会计委派制试点的效果，主要体现在：一是强化了国有资产和财务管理，有效地防止了国有资产和集体资产的流失；二是为从源头上制止铺张浪费、贪污腐败和官僚主义提供了可能，推动了党风廉政建设和社会风气的好转；三是稳定了会计队伍，提高了会计人员的素质；四是提高了会计基础工作水平，规范了会计工作秩序；五是加强了会计监督，提高了会计信息的质量；六是会计管理工作得到重视，会计管理队伍得到充实。

应该肯定，设立会计局的探索和进行会计委派制的试点，都是进一步改革和完善我国政府主导型会计管理体制的有益尝试。

# 第四节 新会计制度的发展演变

70 多年来，新中国的会计事业走过了不平凡的道路，获得了巨大的成就，取得了宝贵的经验。这些经验产生于新中国会计事业长期奋斗的历史过程，是新中国会计事业弥足珍贵的财富。以科学的态度认真总结 70 多年来的经验教训，既是对新中国欣欣向荣的会计事业的庆祝，也能够为今后发展提供参考。会计制度建设是会计工作的核心，全面体现了会计工作的内容和方法。新中国会计制度的发展变化是新中国会计事业发展变化最重要的部分之一，对其发展演变的总结，有益于对新中国会计事业发展基本经验的认识，可以从中分析归纳出一些基本经验或成功做法。

## 一、政治和社会稳定是会计制度健康发展的前提

政治和社会环境是影响会计制度最重要的因素，只有在稳定的政治和社会环境下，会计制度建设才能健康发展，会计制度才能得到有效执行。党的十一届三中全会以来，"把全党工作的着重点和全国人民的注意力转移到社会主义现代化建设上来"的战略决策和改革开放的经济政策，营造了稳定的社会环境和繁荣的经济环境，为会计制度建设提供了良好的氛围，新中国会计制度建设迎来了发展的春天。进入新时代，党中央反复强调的"始终坚持中国特色社会主义政治发展道路"和"坚持和完善基本经济制度，加快完善现代市场体系"，为会计的进步和现代化从政治上创造了可能；对外开放政策为了解国际会计新发展、借鉴国际会计的有益经验和中国会计融入世界打通了道路；"解放思想、实事求是、与时俱进、求真务实"的思想路线，为会计的探索和不同意见的交流提供了开明宽松的环境，开启了会计发展的思想空间。新中国会计制度发展的历史证明，政治和经济路线正确、社会稳定，会计事业就能得到发展；思想混乱、社会动荡，会计事业一定受到冲击。会计制度的健康发展需要政治和社会的稳定，这是新中国会计制度发展最重要的一条经验。

## 二、中国特色的政府主导是会计制度建设的核心

自新中国成立以来，会计制度的制定和推行一直由政府主导。世界上也有其他国家实行会计制度的政府主导，这被称为会计的政府主导模式。中国会计制度的政府主导模式与其他国家相比，除了具有制度制定和变迁成本低、便于推广和监督等共同性优势外，还有着自己的特点。中国政府对会计制度的主导是全方位的，不限于会计制度的制定，还表现在会计管理体制、会计发展规划制定、会计制度与相关法规的协调、会计制度的推广、会计制度的监督与检查等多方面，这与其他国家的政府主导模式不同，可以称之为中国特色的政府主导，这是在中国特定的政治、经济、文化、专业人员素质等背景下自然形成的，具有历史的必然性和合理性，是保证中国会计制度顺利实施、会计秩序正常稳定、会计事业健康发展的核心。

## 三、与经济社会发展协调共进是会计制度建设的目标

会计是为经济建设服务的，会计制度必须适应社会经济发展的需要，脱离了经济建设，会计便失去了生存和成长的土壤。美国会计史学家迈克尔·查特菲尔德在研究了世界会计发展历程后曾说过："会计的发展是反应性的，也就是说，会计主要是应一定时期的商业需要而发展的，并与经济的发展密切相关。一般地说，文明的水平越高，簿记方法就越精湛，随着记账必要性的增强，会计资料促进或妨碍经济发展的能力也增强。"从新中国成立之初制定统一会计制度，到改革开放后推行企业会计准则体系、政府会计准则体系、注册会计师执业准则体系、会计信息化制度、内部控制规范体系和管理会计指引体系，中国的会计制度建设自始至终贯穿着"围绕经济社会发展和财政中心工作"的主线，并将能否满足经济社会发展的需要作为衡量会计制度合理与否的最重要的标准。正是因为为社会经济建设提供了基础性的保障，为社会所接受，会计制度自身才得以发展，有了一次又一次的升华。实践证明，只有把会计改革与经济改革、会计发展与经济发展紧密联系起来、结合起来，更加自觉、更加主动、更有预见地服务于经济改革与发展，会计才有生命力，才能永葆生机和活力。

会计与经济建设的关系并非是单向被动的，会计在为经济社会服务的同时，发挥着对社会经济的反作用。改革开放后，与国际趋同的企业会计准则最为明显地证明了高质

量会计制度对社会经济的促进作用。对此,财政部会计司在为《会计改革与发展"十三五"规划纲要》所做的解读中明确指出,"企业会计准则的平稳有效实施不仅全面提升了我国企业会计信息质量,也满足了服务我国经济发展、完善市场经济体制、维护社会公众利益的需要,为我国金融创新和经济可持续发展奠定了良好基础。在我国企业会计准则与香港财务报告准则实现等效的基础上,我国进一步实现了与欧洲会计准则的等效互认,为我国内地企业'走出去'创造了良好的条件。"

做好与经济社会发展协调共进,要求会计制度尊重客观规律。会计制度如果落后于社会经济的发展需要,会给社会经济发展造成障碍;但超越经济社会发展进程,急于求成,也会招致失败。同时,会计制度建设还要实事求是、客观分析中国现实情况与世界其他国家的不同,不同规模和不同经济组织对会计要求的差异及其接受程度,制定出内容、形式等诸方面适合实际情况的会计标准,这样才能使会计工作平稳运行,为社会经济提供高质量的会计服务。

## 四、改革创新是会计制度建设的动力

会计的发展需要以改革的精神主动地创新、探索,新中国会计制度的每一步发展,都是摒弃旧做法,大胆创新的结果。无论是恢复我国注册会计师制度的第一部制度《关于成立会计顾问处的暂行规定》(1980年)、第一次采用国际会计惯例的《中外合资经营企业会计制度》(1985年)、第一部《企业会计准则》(1992年)、标志政府会计重大改革的政府会计准则体系(2015年起),还是会计控制职能制度化的内部会计控制规范体系(2001年起)和管理会计指引体系(2016年起),无一不是改革创新的硕果。改革往往要冒风险,可能会承担失败的责任;但墨守成规,不思进取,就不可能进步,新中国会计制度的发展过程反复地验证了这一真理。习近平同志在总结中国改革开放的经验时指出:"40年的实践充分证明,改革开放是党和人民大踏步赶上时代的重要法宝,是坚持和发展中国特色社会主义的必由之路,是决定当代中国命运的关键一招,也是决定实现'两个一百年'奋斗目标、实现中华民族伟大复兴的关键一招。"世界总是处在变化之中,会计也总是处在变化之中,"只有顺应历史潮流,积极应变,主动求变,才能与时代同行"。

## 五、理论指导是会计制度建设的思想准备

会计作为人类一种有意识的主观活动，受思想认识的支配。新中国历来重视思想理论对会计发展的指导，实行思想理论先行的路线。这表现为：第一，制定重大会计制度之前，运用会计理论、经济理论、管理理论等对即将制定的会计制度的目的、内容、方法、效果进行论证，以判断其是否具备合理性、可行性，能否达到预期目的，防止或减少制度制定的盲目。第二，对一些重要性较高、影响面较大的会计制度在执行后开展评估和讨论，审视其实践效果是否符合预期，有无负面影响。

新中国会计制度的进步，特别是改革开放后的每次重大改革，都有着充分讨论、酝酿和统一认识、协调步调的前期准备。科学的理论指导是新中国会计制度规避失误，迈向一个又一个胜利的思想保证。改革开放之初，对会计本质、会计目标、会计职能、会计对象范围等会计基本理论的讨论，为会计转变职能和进行制度改革提供了理论支持和思想准备。新中国企业会计准则的出台，也经历了长期的理论准备。20世纪80年代，即有学者开始介绍西方国家会计准则的情况；1987年中国会计学会成立"会计理论与会计准则研究组"后，举办了多次会计准则专题研讨会，就会计准则的制定进行了各种形式的思想交流；此后，理论界不断提出对制定会计准则的见解，大体统一了认识，为我国会计准则的制定做好了充分的前期铺垫。注册会计师执业准则的制定、政府会计准则体系的制定、内部控制规范的制定，也同样经历了类似的前期理论准备。新中国会计制度演变的历史说明，科学的理论指导是会计制度减少失误、顺利实施的思想先行。

## 六、处理好中国国情与国外经验的关系是会计制度建设的重心

从某种意义上讲，近代中国会计史就是一部不断学习引进国外先进经验，在外来影响下自我改造提升的历史。在学习引进国外经验的过程中，时时存在如何处理好中国国情与国外经验矛盾的问题。20世纪30年代关于会计改革与改良的大讨论，就是对坚守中国会计特点和引进国外经验的不同意见交锋。新中国成立后，20世纪50年代关于如何对待苏联会计方法的争论、改革开放后对待国际会计惯例的不同认识的交锋，直至提出对国际财务报告准则趋同应当采取的四项原则（趋同是进步和方向、趋同不是简单等同、趋同需要过程、趋同是互动），依然是在探讨如何处理会计中国特色和借鉴引进国

外经验的矛盾。由于历史的原因，中国会计在技术方法上与国外先进经验之间存在不小差距，需要在很多环节、很长时期内学习借鉴相对成熟的国际惯例。但历史经验告诫我们，对待国外经验，必须有前瞻性和全盘性的视角、冷静的头脑，既要坚持会计国际化，不搞闭关锁国、盲目排外，充分汲取人类共同的知识技术；又要充分考虑中国的现实国情，善于将国外经验与中国具体情况相结合，唯此才能推进中国会计制度的进步。

## 七、渐进变迁是会计制度改革的方式

会计制度要适应社会经济变化的需要不断改革和变迁，但必须采取适当的方式。美国经济学家道格拉斯•C.诺思在其制度变迁理论中认为，除非遭遇战争、灾害等破坏性状况，多数情况下制度变迁宜采取渐进的组织演进方式。中国的会计制度改革理性地采取了渐进的方式，成为中国会计制度变迁的又一个成功经验。

中国会计制度的渐进改革方式体现为两方面。一是会计制度随着经济改革的进程而变化，经济改革逐步深入，会计制度改革亦循序渐进，而非脱离经济改革步伐地孤军深入。以改革开放后企业会计制度的演变为例，无论是修改《国营工业企业会计制度》，发布《国营企业成本管理条例》（1984 年）和《国营工业企业成本核算办法》（1986 年），还是出台《股份制试点企业会计制度》、1992 年《企业会计准则》、制定 2006 年企业会计准则体系，无一不是与各时期经济体制改革、企业改革同步而行。二是会计制度改革奉行"因时因人制宜、区别对待"的原则，而不是短期内"一刀切"地以新制度全面替代旧制度。改革开放以来每次出台重大会计制度，往往先在一定范围内试行，再逐步推广。例如，2000 年出台的《企业会计制度》，先在股份制企业施行，然后再扩大到更多的企业；2006 年发布《企业会计准则》之初，为了照顾不同企业的不同情况，其实施范围暂时限于上市公司和金融企业，数年后再扩大到其他大型企业，此后再逐步扩展，等等。会计制度渐进式的改革变迁方式是基于统筹部署经济体制改革与会计改革，及中国经济发展不平衡、企业状况存在较大差异的考虑，这种改革方式在会计制度发展过程中收到了很好的效果，顺利实现了新旧会计制度的交替，保证了会计秩序的稳定和社会经济的正常运行。

## 八、严格监管是会计制度建设的保证

会计的运行需要监管，监管缺位必然带来会计秩序的混乱。我国目前市场经济和法制发育不完善、部分会计人员职业道德操守有待提高，对会计制度执行情况的监管时刻不能放松。纵观新中国会计制度发展的历史，放松会计监管，会计制度必定被破坏，会计秩序必定失控；加强会计监管，会计制度就能得到较好的执行，会计秩序就会好转，这是70多年来中国会计制度发展变化过程中用教训换来的经验。

新中国的会计制度与新中国共生共存，是祖国伟大成就的一部分。只要我们善于总结经验,不断改进工作，新中国的会计制度建设一定会随着国家的富强昌盛持续发展，迈上更加辉煌的高峰，为祖国的社会经济建设做出应有的贡献，为世界会计事业呈献中国智慧。

# 第五节 会计管理体制创新与会计信息质量

提高会计信息的质量问题一直是会计理论中关注的一个问题，因为其对于企业的经营管理产生了重要的影响。本节对于会计管理体制进行了简单的介绍，对其具有的特征进行了分析，并且在此基础上提出了对其创新能够提高会计信息质量的观点，指出了科学的、规范的会计管理体制对于企业的会计信息的质量的提高的重大影响作用。

## 一、会计信息质量特征

可靠性。这种性质的前提是真实，真实性是其真正的标志。只有会计信息本身是真实的，才能够正确地指导使用者做出决定，而正确性以及中立性则是它的一种辅助性的标志。

相关性。所谓相关性，指的是会计信息可以指导使用者根据其做出相关的决策，并且由于会计信息的不同做出的决策之间也存在着差异。

可理解性。所谓的可理解性就是指财务报告中所提供的信息，要能够尽可能地简洁、清晰、明白，这样才能够便于人们的理解，且使用起来变得更加方便。

可比性。这要求在同一个企业中的不同时间或者是不同的企业之间的各个方面的信息能够进行对比衡量。

## 二、会计管理体制组成

作为一种制度来看，会计管理体制由正式的约束、不正式的约束以及实施机制等三个部分组成。

首先，作为会计管理体制的一个不是正式的约束的部分来看，企业的管理层、会计以及审计的职业人员的职业道德的建设都是不能被忽视的一个环节。在我国，社会经济生活中有很多方面都是使用非正式的约束进行维持的，人们生活的大部分约束都是由非正式的约束进行的。但是由于非正式约束本身还存在着一定的局限性，因此如果没有正式的约束，那么成本的实施就会变得很难，从而使得一些较为复杂的交换难以发生。

其次，作为正式约束的一个较为核心的部分，对于会计信息质量管理的法律、法规的建设任务还比较艰难。这些正式的约束中，有着企业内部的一些与此相关的制度，还包含着企业在外部的环境受到的制约。

由于会计管理机制的存在，人们才能够以此为基准进行实施性的决策。在实际的应用中，判断一个国家的会计管理机制是否是完备的，不仅要关注这个国家的正式的以及非正式的会计法规，判断其是否是合理的、完备的，更加重视的是关注有没有相应的实施机制。任何完善的法律，如果没有一个较为健全的实施机制作为支撑，那么都是如同虚设地存在的。历史上，很多情况下都并不是没有法律可以作为支撑，而是没有建立起与完善的法律法规进行匹配的实施机制。我国目前还没有较为完善的相应的实施机制，因此要想真正地达到切实地对于法律法规进行落实，是一件十分不容易的事情。

## 三、对其进行创新影响

会计对于企业的管理层进行契约履行有着很重要的意义，是其中重要的手段以及工具。会计机构作为企业的一个职能部门来看，是受到企业的管理层的委托来进行会计工作的，其工作的主要目的就是为企业进行服务。会计管理体制的创新能够直接地影响企业内部的会计信息质量的完善，从而影响经济的发展，因此有着很重要的意义。

（一）完善会计信息内容

因为企业的会计管理体制是相对于其内部的经济活动进行的，因此其中会计管理体制是整个会计信息管理过程中的一个重要的基础。对会计管理体制进行创新性改进，能够直接地使得会计信息内容更加完备，从而促进企业的经济发展。我国很多企业的治理结构没有发挥应有的效果，除了制度上的问题之外，此外还缺乏支持有效决策以及有效行动的相关信息，这些信息通常是企业管理的自我调控系统提供的。

企业的治理结构必须能够很好地解决好两个方面的问题：首先是企业的各个相关的利益主体需要什么样的会计信息来帮助它们做出相应的决策，进而能够进行更好的管理，这就需要会计信息内容更加准确。另一个方面就是建立一个合理的、有效的会计信息的传送系统，这样才能够保证企业的会计信息能够及时地、准确地满足企业的各个利益相关者的需求。因此，对于会计的管理体制进行创新性改革，必须要在政府的帮助下完成，政府对于企业的会计活动做出明确的、较为完备的会计法规的体系规定，从而对于企业的会计活动做出整改。其次，还需要对于制定的规则进行明的规定，保证企业能够执行相关的规则，在这样的基础上来对企业的会计活动进行外部的制约限制，充分地发挥出税收法规体系在会计信息的生产过程中提供的约束。

（二）改进会计信息失真

目前，会计信息还存在着失真的问题，其中一部分原因就是与税收制度是不完全匹配的，并且存在着不完善、不健全的问题，正是这些问题导致了会计信息的失真。因此应该采取一些创新措施来对这种现象进行改善。在企业受到的外部约束中，法律环境的约束是很关键的一个约束，而其中税务环境约束尤其重要。税务的规则与企业的会计之间有一定的关系，使得其对于企业的经营者有着较大的影响，因此税务环境主要是企业的会计行为的一个重要的外部环境。在我国，目前税务的规则的实施机制处于一个较为弱化的环境中，税务的实施机制还处于一种比较弱化的地位。首先，税务的规则主要是由人来进行组织实施的，而有些税务的稽查人员其本身的素质不高，甚至根本就没有经历过正规的学习，对于会计知识处于不懂的状态。有些人只经过了中专等较为低层次的会计学习，难以达到税务稽查人员的工作需要，难以把相关的工作做好。除此之外，还有一些稽查人员存在着经济效益与成本进行比较分析的一个问题，如果他们严格地按照要求进行纳税，那么虽然可以保证国家的税务收入的增加，但是却不一定能够达到稽查人员希望的结果。因此，要想改变税务这一块的问题，应该采取的创新方式就是改变税务的稽查人员的经济行为的目标模式，这就需要对相关的制度进行创新性的改进，在加大税务征管的同时，强化对税的稽查的监控情况。

我国的会计信息质量现在有一些比较严重的问题，比如信息的真实性难以保证的问题，追根究底主要是我国的会计管理体制存在着一定的问题。本节首先介绍了会计信息质量的特征，然后再对会计管理体制组成进行了介绍的基础上，提出了其存在的问题所在，并且针对这些问题提出了相应的创新措施，这些措施能够对提升会计信息质量起到很大的作用。

# 第七章 网络经济时代背景下企业会计管理

## 第一节 网络经济时代企业会计管理存在的问题

　　网络经济时代的到来和发展改变了会计管理所处的环境，但是当前会计管理中还存在法律法规不健全、信息安全、会计软件更新缓慢、企业内部控制不完善、会计人员的专业素质低五方面的问题，本节针对这些问题提出了相应的改进措施，期望提高网络经济环境下企业会计管理水平。

　　网络经济时代的到来和发展改变了会计所处的外部环境，将世界各国通过互联网联系在一起，形成了一个统一的市场，实现了会计信息来源的多样化，提供了更加先进的管理方法和管理模型，提高了会计管理的科学性。而与此同时，网络经济时代的企业经营环节、业务流程和组织结构也发生了深刻的变化，重新形成了与网络经济环境相适应的会计报告、会计假设、会计确认及会计目标等理论。由此可知，网络经济和会计环境的变革必然将会形成新的会计管理模型，但是由于当前企业的会计管理仍然使用传统的管理方法，与网络经济不相适应，存在一定的问题，需要进行改进。

### 一、网络经济时代对会计管理的影响

　　随着计算机互联网技术的发展，网络经济时代背景下对企业的会计管理提出了更高的要求。首先，学术界的相关学者对会计目标进行研究，产生了受托责任论和决策有用论两个学派，受托责任论、决策有用论都是会计目标理论。受托责任论主张会计只能确认企业已经发生的经济事项，并突出损益表的重要性。而决策有用论主张确认已经发生

的经济事项及未发生的对企业产生影响的经济事项，反映企业经济的动态变化，资产负债表、损益表和现金流量表并重。而网络经济时代的信息整合优势突出，对于信息的动态变化反应较为灵敏，因此在这种情况下，决策有用论的优势更加突出。其次，网络经济时代的到来，企业财务管理系统实现了智能化和自动化，使企业的会计信息更加完整，增强了企业会计决策的正确率。最后，随着会计电算化、财务管理系统的应用，实现了会计单据的电子化，可以提高会计管理的时效性。

## 二、网络经济时代会计管理存在的问题

网络财务的法规制度还不健全。随着计算机互联网技术的发展，我国的企业会计管理与网络技术的结合越来越紧密，可以实现会计管理的智能化和系统化，降低了企业财务管理人员的工作量，提高了会计管理的效率，但是网络经济环境下会计管理的相关法律法规还不够健全，使得互联网环境下的财务管理的相关操作不受法律的约束，增加了企业会计管理的安全隐患。一是法律法规的约束力度不够，对于网络安全的保障力度较低，导致社会中存在很多网络计算类型的盗版软件，如果企业在会计管理过程中应用了这些软件将会造成无法估量的损失，一些不法分子趁机谋取利益，对会计管理的可持续发展产生了影响。二是我国对于会计管理没有出台相应的政策，开发的会计软件存在安全漏洞，受到木马和病毒的威胁，同时易受到黑客的攻击，使企业造成损失。

网络财务的安全性还有漏洞。一是会计信息的真实性、可靠性。网络会计管理环境下，会计信息的失真问题十分严重。虽然，网络环境下的信息传递实现了无纸化，可以避免人为造成的会计失真问题，但是电子账簿和电子凭证可以实现不留痕迹的任意篡改，而且篡改之后还不能使用传统的鉴章对凭证的有效性进行确认，也无法明确经济责任，导致在信息传递过程中，信息的发送方和接受方担心会计信息数据真实性、可靠性。二是会计信息的机密性。由于企业的财务数据属于商业机密，在网络环境下有可能被黑客攻击，被竞争对手非法截取或者是被篡改，病毒也会影响信息的安全性和真实性，此外，只要知道财务软件的用户名和密码，企业所有人都可以通过会计软件进行数据查看与修改，容易泄密，严重影响企业正常运营，给企业造成损失。三是计算机硬件的安全性。网络环境下的会计信息管理主要使用财务软件，实现信息的自动处理，但人为因素也会影响会计财务管理安全，如水灾或者火灾使计算机硬件系统崩盘、计算机被盗、档案的

保管不善造成信息丢失或泄露等，这些都是应该关注的。

会计软件更新缓慢。网络经济时代需要会计管理系统软件不断进行更新和优化，完善软件的功能，以满足时代发展对会计管理的需求。虽然当前会计软件的功能不断完善，逐渐从核算型转换成管理型，但是专业性还存在一定的问题，系统更新较为缓慢，需要结合实际的会计管理需求开发相应的软件。

企业内部控制不完善。和传统的会计相比，网络环境下应用计算机对会计进行管理，具有高效、自动的特点，改变了企业的传统内部控制形式，将企业制度与会计软件结合在一起，但是由于会计软件在运行过程中一旦出现程序错误，可能会造成内部控制的紊乱或者失效，而现行的企业内部控制制度没有形成网络环境下的会计安全监督体系，内部控制制度落后于网络会计的发展，不能保证会计系统的安全。

会计人员的专业素质低。网络经济环境下的会计管理大大减少了工作人员的输入工作量，会计工作的重点在于分析和管理，需要复合型的会计管理人才，但是由于当前企业的会计工作人员对计算机不够精通，只是能够操作简单的财务管理软件，对于软件的日常故障排除、系统维护知之甚少，此外，会计从业人员工作能力侧重于会计账务处理，会计财务分析决策能力也相对欠缺，这就需要企业将会计财务管理与会计软件网络维护分割，增加了企业的人力投资。

## 三、网络经济时代会计管理的问题改进措施

加快法律法规建设。近年来随着计算机网络技术的发展，网络犯罪案件频发，给社会造成了不良影响和严重的经济损失，急需采取相应的措施改变这种现状，企业需要建立与之相配套的会计管理体系，政府部门也需要出台与之相适应的法律法规，推进相关的立法工作，这样才可以避免由于违规的信息泄露和经济活动给企业造成的损失。一是结合网络经济时代的需求，完善网络经济活动相关的法律法规，禁用盗版软件，政府部门加强软件安全漏洞的检测，提升网络环境下会计管理工作的科学性；二是进一步完善《会计法》，从法律层面加大对会计从业人员的约束力度，严惩存在的会计违规操作及网络作弊活动。

采取安全防范措施。网络经济时代的会计管理的信息安全受到威胁，企业需要特别重视这个问题，采取相应的措施。第一，加强会计输入信息的管理。网络环境下的大量

会计业务交叉在一起，并且还存在共享数据库的情况，为了提高会计信息的真实性和准确性，需要在输入数据之前仔细核验相关数据，对同类凭证进行编号，职责分工，相互牵制，避免被篡改，确保输入数据的合法性，还可采用数据越界检测、平衡检测法、静态检验法等一系列方法及修改权限与修改痕迹控制等保证输入数据的正确性。第二，企业的 ERP 软件必须通过身份认证才可登录，分配每个财务人员的软件访问权限，确定员工职责，避免非财务人员登录对数据进行查看和修改。此外财务软件还需设置相应的提醒功能，一旦出现非法登录可提醒财务人员。第三，企业的内部网络系统设置防火墙、访问控制技术、数据加密技术、认证技术等，防止黑客的攻击，全面保护企业的会计信息。第四，为了防止计算机硬件设施损坏等造成的信息丢失，需要会计管理工作人员及时备份相应的财务数据信息。

加强会计工作人员的继续教育，大力培养复合型会计人才。由于企业的会计管理人员存在知识老旧的问题，不能满足网络经济时代的企业会计管理要求，对于国家出台的新的会计准则和制度不够了解，因此，需要加强会计工作人员的继续教育，大力培养复合型会计人才。继续教育主要包括会计从业人员的专业技能培训和职业道德教育两个方面，帮助他们夯实会计财务基础，及时掌握国家的新会计准则，掌握最新的财务软件应用技能、财务软件的维护及常见问题的处理，提高他们的会计电算化水平，培养复合型会计人才，提高财务管理和决策分析能力，更好地胜任会计核算和会计管理的相关工作。此外，为了提高工作人员的学习积极性，还可设立奖惩制度，对于表现优异的员工给予晋升机会，优胜劣汰。

加强企业网络经济环境下的内部控制。网络经济环境下，企业的全部的会计核算和业务处理相关工作都可以在会计软件中完成，会计信息容易被删除或者篡改，此时内部控制除了交易控制还需会计软件的修改程序控制、软件权限控制及安全控制。一是加强数据和程序控制，避免会计信息的泄露、损毁和病毒侵染。二是在网络会计系统内设立监督和操作两个岗位，当操作人员进行账务处理的时候，监督人员的计算机同步记录相关数据，一旦提出质疑，可以进行信息查询，加强输出环节控制，确保会计结果的完整性和正确性。

积极开发会计软件。为了在网络经济环境下更好地完成会计管理工作，需要相关的技术人员根据企业会计管理的具体工作需求和需要，及时更新现有的会计管理软件，完善软件的功能，确保软件的实用性，同时考虑会计软件应用人员的计算机水平有限，尽可能延长财务软件的维护周期，为会计管理工作的开展提供支持。

随着网络技术的发展，互联网与各行各业的联系越来越紧密，推动了企业会计管理的国际化和标准化发展，同时也使会计管理的工作职能发生了变革，对企业的会计管理工作提出了新的要求，但是网络安全、与之配套的法律法规建设、企业内部控制等问题依然存在，需要进行相应的改进，克服各方面挑战与不足，为会计管理的持续发展提供条件。

## 第二节 网络经济时代企业会计管理面临的机遇

近年来，随着互联网技术的快速发展，各行各业开始重视和应用网络技术，以促进各项业务的高效发展。将互联网技术应用于会计管理，不但可促进工作效率的提升，同时也可促进管理水平的提升。网络经济时代的到来，在为会计管理带来机遇的同时，也提出了挑战。本节主要对会计管理在网络经济时代背景下所呈现的特性、机遇、挑战、改进等进行了分析研究。

目前，网络技术的快速发展，不但改变了人们的日常生活方式，同时，在各行各业发展中也发挥着极大的作用。互联网的应用，使人们的生活更加快捷和方便，同时工作效率也得以提升。在网络经济时代，各行各业为适应时代的发展，只有实现改革和创新，才能应对激烈的市场竞争。会计管理在网络经济时代背景下也发生着变化，网络经济为会计管理带来了机遇的同时，也面临着挑战，会计管理中的问题也凸现出来。因此，为适应网络经济时代的发展，必须抓住机遇，弥补不足，积极改革，促进会计管理水平的提升。

### 一、网络经济时代为会计管理带来的机遇与挑战

网络经济时代为会计管理带来的机遇。网络经济时代的到来，改变了会计管理模式，利用互联网技术，使得会计管理逐渐向信息化发展，管理信息化大大提升了会计的工作效率，工作量也得以减少，在企业发展中发挥着重要的作用。企业利用信息技术，使得

会计可以更好地分析和处理大量数据和信息，所获得的信息和数据也更可靠和准确，由此可以帮助企业决策。传统管理模式为以财务报表为依据，了解现阶段企业的运营情况。而现在管理模式转变后，企业可对运营情况进行实时掌握。因此，应用信息技术，会计间的沟通更加快捷、高效，会计与企业领导间也可有效沟通，并对会计报表可实时编制，提供全面、准确的数据，以避免数据丢失情况出现。同时，利用信息技术可促进会计工作效率的提升，由于在网络经济时代，大量增加了经济活动，不断增加的数据信息亟待处理，如果会计再应用传统的工作方式，已经无法完成工作，而利用信息技术和网络技术，可构建财务系统，统计财务信息，利用互联网，会计的工作量大大减少，使得工作从量化转变为质化，进而实现飞跃。

网络经济时代会计管理面临的挑战。互联网作为网络经济的核心，会计管理信息化的实现有赖于互联网与计算机的融合，网络经济在为会计管理带来机遇的同时，也同样使得会计管理面临着挑战。主要体现在以下方面：

会计管理实现信息化，导致数据信息无法绝对保密，因此，企业需要不断完善保密工作。很多企业没有认识到信息保密工作的重要性，使得很多重要信息发生泄露。在计算机中保存财务信息，会计一旦操作不当或者业务不熟练，抑或黑客或病毒对计算机进行攻击，会遗失或破坏财务信息，很多会计人员也缺乏安全意识，没有妥善保管重要财务信息，由此增加了财务风险，使得信息可能被删除或篡改。

会计管理方面的法律法规呈现不完善的情况，互联网技术在近年来发展迅速，各种功能引擎不断增多，比如：编辑软件、计算软件、杀毒软件、搜索软件等，其在丰富了网络世界的同时，也增加了更多的不确定性和复杂性。在网络经济时代背景下，网络信息具有广泛的来源，具有较强的不确定性，同时要鉴别信息准确性，寻找信息来源。但是，针对网络管理的相关法规、法律却缺少，网络安全也没有相关条例明确界定。会计管理在网络经济下，法规、法律也呈现不完善的情况，网络会计制度不够确切和统一，在网络经济时代，促进了会计管理网络化，也开发出很多会计软件，并广泛应用于会计中，其促进了财务管理工作效果的提升。国家虽然对财务软件应用和开发进行严格管控，然而，管理标准却并不统一，也并不明确，使得市场上仍存在低质量软件，其干扰了会计的核算工作。

有关网络安全的法律、法规也缺乏，网络经济时代的开始，就面临着网络安全，黑客、病毒、木马、盗版软件均对网络安全造成严重危害，然而，因为网络技术具有复杂性和限制性，造成没有充分重视以上行为，网络风险的存在为企业会计留下了隐患，一且发生数据破坏或丢失，会导致企业产生很大损失。会计传统管理方式为加工处理信息数据，对支出进行统计，并且分析信息处理，同时参与决策，利用逻辑思维和数据核算能力作为参考，使得数据信息更为清晰化。在网络经济时代下，会计管理模式改变了，为跟随时代步伐，财务信息也呈现全球化、准确化、实时化、共享化，而在会计管理中，会计作为中坚力量，主要工作为发布、传递、获取信息，作为会计不但要具备较强的数学运算能力，也需要掌握网络技术，在工作中应用网络和计算机，同时，也需要注意计算机的防护和安全，以防止安全隐患对财务信息造成损害。

## 二、网络经济时代提升会计管理水平的对策

促进网络法律、法规不断完善。经济时代以网络为工具，发挥着重要的作用，网络也融入人们生活和工作中，如今，在人们生活中网络已然成为必需品。若想实现网络安全，必须以法律、法规为依据，法律法规必须明确、详尽，才能保证网络安全。针对网络，政府应立法，颁布法律法规。因为网络发展较快，具有广泛的范围，犯罪很容易滋生，为防止盗取或泄露信息的发生，国家应颁布相关法律、法规，网络交易方面也要有法律、法规出台得以保证交易安全。不断完善《会计法》。企业也需要设立监督和维护网络安全的部门，实时监控网络安全；并且要加大宣传，让人们自觉遵守有关的网络法律法规，共同维护网络经济时代的安全。

保障网络安全。在日常生活中，网络作为生活的必备，让人们享受到了愉悦和便捷，网络作为一把双刃剑，安全隐患也必然存在。生活中频频发生网络危险事件，比如：隐私泄露、黑客入侵、网络诈骗等，对人们的隐私权造成了侵犯，对人们的利益也造成了严重威胁，因此，必须保障网络安全。尤其是在会计管理中，网络安全更要得以保障。在会计软件的选择和应用方面要注意，应用正版软件，软件必须来自正规途径，从而尽量减少风险的入侵；将杀毒软件安装在计算机上，避免病毒入侵计算机，对病毒进行及时查杀，养成良好的杀毒习惯，以有效保护计算机的安全；对电脑进行定期维修，保证软件和硬件安全，将防范工作提前做好；对防火墙进行充分利用，查杀和监管病毒，以保护计算机的安全。

加强对会计软件和系统的升级与开发。网络经济的不断进步和发展，促使网络技术的发展也越来越快。因此，会计管理要紧跟时代步伐，对新的软件和系统进行开发和应

用，以保证分类更为专业，操作设计更为便捷。专业不同的会计软件也应有所区别，保证操作更为高效，促进工作效率提升，并且促进工作效益提升。

促进会计人员综合素质的提高。在网络经济时代背景下，市场竞争极为激烈，会计管理水平的提升前提是会计必须具备较强的综合素质和专业能力，以促进其业务水平和专业能力的提升，对新知识要不断学习，与实践相结合，不断进步和发展；另外，会计也要充分掌握网络技术，可以熟练操作，促进工作效率的提升，保证其工作效益，以此，与时俱进，提升人才竞争力；作为会计人员要提升安全防范意识，保证工作的严谨性，做好防范和监督工作，注意财务安全，促进会计综合素质的提升，以适应网络经济时代的发展。

强化企业内部管理。企业要不断完善内部会计管理制度，规范会计行为，以便提升数据信息处理的准确性和完整性，以此对管理者进行协助，保证经济决策更为精准。会计管理要伴随企业的不断发展而不断更新，建立健全企业内部管理制度，实时管理和监督财务工作，规范处理财务，利用绩效考核、责任制做好会计管理工作，薪资与工作能力挂钩，促进会计工作积极性的提升。

在网络经济时代，会计管理转变了管理的重心和目标，会计管理及时抓住时代赋予的机遇，同时，面对时代的挑战，不断优化管理系统，使得会计管理向国际化和标准化方向发展。为紧跟时代步伐，要充分利用网络技术，对会计管理水平进行不断优化，但是，针对会计管理中的不足，要制定和完善法律法规，提升安全防范意识，确保网络安全，促进会计综合素质和专业能力的提升，使会计管理合理化、科学化，提升管理水平。

# 第三节 网络经济时代下的企业会计管理工作

目前在各个行业中互联网的融入推动了网络经济时代的发展，因此在会计管理工作中需要充分地掌握网络经济时代的发展趋势及其为会计管理工作所带来的变化，这样才能在相关管理工作中对网络技术进行科学的运用，以此来提升会计管理工作的质量及效率。为此在实际中则需要对以往会计管理工作的特征及网络经济时代的要求进行分析，在此基础上研究如何通过采取适当的措施来进一步地加强会计管理工作。

在网络经济时代下需要重视会计管理工作的信息化发展，通过对会计信息系统的应用来提升管理工作的标准化、规范化水平，并且在信息技术的支持下还可以使财务管理工作的各项程序及内容得到细化，从而推动财务管理工作的精细化、系统化发展。本节分析了在网络经济时代下其为会计管理工作所带来的转变，结合实际研究了现今财务管理工作中存有的不足，并针对这些不足提出了几点可以在实际中采用的应对措施。

## 一、网络经济时代下会计管理工作的转变分析

会计管理信息的转变。在网络技术、信息技术、计算机技术的支持下使企业内部财务信息可以更加高效、便捷地进行传递，这也促使会计信息向着实时更新的方向转变。企业会计管理部门利用信息技术来对各个部门所产生的财务信息进行快速的收集及整理，并且在会计管理中通过专用程序可以快速地进行数据反应，其高敏感度的信息反应能力可以及时地对会计信息进行整合，从而为管理层提供实时、有效、完整的会计信息。会计管理信息的实时更新发展也符合现今网络经济时代瞬息万变的特征，从而满足企业在发展过程中对会计信息的需求。

会计管理重心的转变。在网络经济时代下信息数据的重要性也越发明显，在网络环境中其数据的存储需要依托于网络技术、信息技术，并且对这些数据需要经由计算机来进行处理，目前在多数企业中财务信息也逐步完成了电子化数据化的处理，因此在会计管理工作中其重心也在逐渐发生转移。尤其是在现代企业发展过程中无形资产所受关注不断地加深，在会计管理工作开展的过程中逐渐向着信息化的方向发展，根据会计管理工作的开展情况来看其逐渐由传统核算方式向着信息化核算方式转变，这也在一定程度上反映出了目前会计管理工作中其重心的转变。

对会计管理人员要求的转变。网络经济时代要求财会工作人员必须要具备优秀的专业素质能力，这样才面对工作中的各项需求，因此会计管理人员需要不断学习、不断进步，促进自身的专业素养的提升，使自身综合素质能力得到加强。

## 二、网络经济时代下加强会计管理工作的措施分析

完善会计管理制度。网络经济时代为会计管理工作所带来的转变使以往管理制度内容存有的局限性逐渐显露出来，尤其是在网络经济这一模块中传统管理制度存有许多的不足。因此需要结合网络经济的特征及企业发展战略目标来对管理制度进行补充及完善，使管理制度内容可以覆盖到会计管理工作的各个环节中，以此来对管理工作的实行进行有效的指导，以制度为基础来提升会计管理工作的执行力度。

加强对信息安全技术的应用。想要确保数据模式会计信息的安全和网络传输安全，就必须在技术层面上提高对会计信息数据的管理与控制力度。首先，企业要不断完善会计的硬件体系，确保会计信息储存介质和处理设备（计算机）的绝对安全，避免数据存储中由于设备故障导致数据丢失。其次，要提高数据输入控制工作质量，确保会计信息由专门的人员录入，并通过可靠的管理和监督体制，确保录入信息的准确性、真实性和完整性。再次，要采取可靠的数据安全处理措施，通过运用输出审核处理；数据有效件检验；通过重运算、逆运算法、溢出检查等进行处理有效性检测；错误纠正控制；余额核对；试算平衡等实现对数据处理环节的有效控制，确保数据的安全性和可靠性。最后，要做好数据输出控制，通过输出记录监管、输出文件报告和签章制度、输出加密制度、输出权限制度等，确保信息传输的安全性和保密性，有效地防止不法分子窃取和篡改信息。

加强对财会人才的培养。网络经济背景下的会计管理工作与传统财会管理工作有极大区别，为了确保网络时代背景下会计管理能够提高企业财会管理水平，就必须确保会计人才能够同时具有会计专业技术、信息技术、网络安全技术等关键技术，并具有更好的职业素养和信息安全意识。为了确保网络会计管理体系的发展，企业就必须加大人才引进和培养力度，创建更加先进和优秀的现代化会计管理团队，以为企业的网络化会计管理改革打好基础。只有加强人才培养，才能满足企业在未来发展中对"高精专"优秀人才的迫切需求，才能有效地保证企业网络会计管理的安全性和有效性，使会计管理通过网络技术和信息技术的应用，成为促进企业发展的动力。

加强会计信息系统的研发。企业财务管理信息系统是网络经济时代下企业会计管理的基础平台，因此要结合实际技术运行机制，整合并研发新型应用软件，在落实相关管理机制和运行体系的过程中，要顺应市场发展的基本需求，确保应用软件的多元性以及有效性，保证专业领域管理机制和管控主体的相关项目贴合实际需求。只有维护软件的

实时性，才能为后续工作的全面落实奠定坚实基础。需要注意的是，在软件研发项目中，相关技术结构要贴合企业的实际需求和运行结构，保证软件的实效性和完整程度更加具有时代优势。

网络经济时代对现代企业的发展产生了极大的影响，而这也使企业会计管理工作的目标产生了相应的变化，并且在信息技术、网络技术的支持下推动了会计管理流程的改革，这也使相关管理工作向着标准化、现代化的方向发展。网络经济时代为财务管理工作带来的转变使其面对更多的挑战，因此需要重视网络经济的作用，合理地对网络经济进行利用来进一步提升会计管理工作的实行水平。

# 第四节 网络经济时代下的企业会计管理方法

网络经济时代的到来，推进了企业网络信息化建设的进程，信息应用与传播技术的不断加快促使经济发展的速度也随之增加。在企业发展当中会计管理是非常重要的管理环节，在网络经济时代背景下会计管理也需要顺应时代变化，利用网络信息技术构建财会管理系统各平台，以提高企业财会管理水平。但是当今会计管理当中还存在各种各样的问题，需要进一步对会计管理方法进行优化。本节对网络经济时代下会计管理的相关内容进行了探究。

现代网络技术不断地进化与发展，使其逐渐在各个领域展开了广泛的应用。各企业网络信息建设也逐渐完善与成熟，促使企业的各项工作质量与效率得到大幅度的提升，市场经济发展逐渐形成了全面依靠网络技术来经营运行的模式，可以说网络经济时代已经到来。在企业发展当中会计管理是非常重要的管理环节，在网络经济时代的背景下会计管理也需要顺应时代变化，利用网络信息技术构建财会管理系统各平台，以提高企业财会管理水平。

## 一、网络经济时代对会计管理的影响

经过多年的发展，可以发现人们的生活因为网络技术的应用而产生了巨大的变化，短短数年网络技术就全面覆盖了经济发展的各个领域，各个行业都已经进入信息化、网络化的构建时代，经济发展依赖于网络技术后使得发展的速度飙升，各项工作、交流、信息共享、数据处理等等内容都因应用网络技术而使运行的效果得到非常明显的提升。

而网络经济时代的到来对会计管理工作的影响也是比较大的，利用专业的数据处理技术使财务数据的整理、核算更加高效，尤其是利用核算技术有效提高了会计数据核算的精准性，简化了会计核算的流程，减轻了会计核算人员的工作量。同时财务管理人员的专业素养与会计管理的方式都得到了优化，而高标准高质量的会计核算对于企业来说是市场发展的优势所在，对企业竞争力的提升有重要的作用。

## 二、网络经济时代下会计管理中有待完善的内容

企业会计管理规范制度有待完善。在网络经济时代背景下，企业会计管理工作也充分地应用了现代计算机技术，相关的会计信息化建设逐渐完善，但在实际的运行过程中，一些细致性的制度规范还没有完全地制定和落实：一方面，财务管理的网络技术应用也是有很多的法律权限的，在实际应用时需要根据其相关权限规定进行使用，但是部分企业没有就这一内容进行严格的规定，这就导致企业会计管理人员会超出使用界限开展工作，容易引起很多的问题，财务管理工作的有序性无法保证。另一方面，管理工作制度具有片面性，一些具体的会计管理内容没有明确的规范规定，这对于管理工作质量与效率影响是非常大的。

会计管理信息系统安全隐患较多。网络信息技术的应用为财务管理质量与效率带来诸多益处的同时也带来了一定的弊端，网络技术发展的过程中信息系统安全的问题一直都是研究的重点问题，虽然信息安全防护技术不断地进行优化，但是也无法达到完全安全的状态。而就会计管理工作而言，数据信息的安全性是非常重要的，如果财务数据信息泄露将有可能使企业出现巨大的经济损失，造成财务风险，而目前会计管理信息系统的安全隐患是比较多的：计算机设备、系统软件等都存在漏洞，如果漏洞产生作用会影响系统运行；网络系统在受到恶意攻击时，无法有效地进行安全防护；工作人员职业道

德如果缺失，可以从内部直接将会计数据进行窃取，这也是财务安全隐患之一。

会计管理应用的网络信息技术水平偏低。在会计管理当中，虽然网络信息设备逐渐完善，但是现代网络信息技术发展的速度较快，系统、技术更新的速度比较快，但是企业会计管理技术更新的速度是比较慢的，这样的差距之下会计管理的网络技术、系统的水平就与现代最新的网络技术水平相差较远。而且企业会计管理应用的计算机设备的系统版本也是不一致的，这样会计核算的方式和相关数据报告模板的格式也就不同，这加大了会计统一管理的难度。另外网络系统技术水平低、系统版本不一致这些也影响了财务管理会计人员的技术能力发挥，工作人员熟悉各自应用设备的使用技术后对其他的设备操作技术应用方式就会不习惯，导致财务管理水平不高。

## 三、网络经济时代下会计管理方法研究

将网络信息化会计管理的相关制度与规范进行完善。现代网络信息技术应用使会计管理的效率提升，但是会计管理网络技术的有效运行同样需要依靠相关制度的规范，因而要将网络信息化财务管理的制度进行完善。网络信息技术的应用重点问题是系统的运行安全问题，近些年利用网络技术进行信息窃取的违法行为频繁发生，如果发生在企业会计管理过程后果是非常严重的。企业要根据我国网络信息相关法律法规指导，结合会计相关法规进行制度的制定，对会计网络技术应用规范进行说明，以保证会计网络运用的合理性和合法性，从而利用规范制度约束会计管理行为，提高财务管理的有序性和规范性。

强化会计管理网络安全措施。在计算机网络运行机制中，计算机技术为人们的生产生活带来了较大的便利，由于计算机技术项目自身的结构特征，因此会存在部分安全隐患。针对计算机设备和网络系统当中存在的安全隐患，企业要强化网络安全防护的措施，而要想从根本上提升网络运行效果，就要整合相关策略确保隐患问题得以全面处理。一方面，要对软件进行保障处理，尤其是涉及计算机文件的相关软件，要秉持使用正版的理念，确保管理效果和实际应用体系的完整性贴合实际需求。另一方面，则要及时安装相关查杀病毒软件，及时对下载文件进行处理和分析。技术人员要定期对软件进行整合和分析，保证病毒隔离效果，确保管理项目和运行体系完整性贴合实际需求。

加大网络技术研发力度，优化网络技术运行效果。现代网络技术应用的过程中，企

业也要进行不断优化，不要满于现状使会计管理的网络技术水平停滞不前。因而企业要加大网络技术研发的力度，第一步要掌握现代网络经济市场的发展特点和实际情况，第二步结合企业会计管理的特点和需求，研发属于企业自身的会计管理网络技术，构建具有企业特色的会计管理系统和软件。在进行网络技术研发的过程中，要任用具有专业计算机技术的人才进行，同时要在企业会计管理机制与规范的指导下，保证研发的技术或软件在进行应用时能够更好地适用，从而促进企业会计管理能够为企业的发展提供助力。另外对于本企业的技术研发，要保证核心技术的安全，需要相关技术人员签订保密协议，如若泄露需要负相应的法律责任。

要注重会计网络技术人才的培养。在网络经济时代当中，会计管理人员需要同时掌握现代会计管理专业知识和网络信息技术的专业内容，因而企业要注重对管理工作人员专业素养和业务能力的培养。首先，要对会计管理人员的技术进行培训，掌握网络经济时代当中最新的财务管理理念与网络技术应用方法，以提高企业会计管理运行的质量与效率。其次，要提升会计管理人员的职业道德素养，学习现代有关于网络规范的法律法规和会计相关的法律法规，明确违法行为需要付出的代价，使会计管理人员能够恪守职业道德，避免因内部管理人员因素造成企业财务风险，从而促使企业会计管理工作在网络经济时代的背景下能够安全、稳定地运行，更好地适应现代网络经济发展的环境。

在网络经济时代背景下，企业要全面了解企业会计管理项目的实际价值，整合保障措施的同时建构更加有效的管理模型，提升专业化水平以实现科学化财务管理目标。还要强化会计管理网络安全措施，加大网络技术研发力度，优化网络技术运行效果，培养更多的综合型会计管理人才，从而为企业可持续发展奠定坚实基础。

## 第五节　网络经济条件下企业会计的特点及管理

随着社会经济的快速发展，已经全面进入网络信息时代，网络技术的发展，给会计带来了新的革新与机遇，但是，随之而来的也有不少的问题，因此，本节笔者就网络经济条件下所存在的会计问题进行分析，并对此提出一些有效对策，拟促进会计在网络经济条件下越走越远。

当前，我们经常听到一个全新字眼即"网络经济"，伴随网络经济的出现，一些同类新名词不断出现，目不暇接，如网络时代基础教育、网络化的企业设计等等，这些都证明了一个问题，那就是人类文明已进入到网络经济的时代。那么何为网络经济时代呢？它是以计算机网络尤其是互联网为载体的一种经济形态，同时也是以信息技术和互联网技术武装的一种传统经济交流模式，对传统企业具有深刻影响。从狭义方面来看，网络经济实际上是从经济角度对将来社会进行的一种描述，它不仅可以降低成本，而且还能扩展空间及时间上的选择范围。打破了传统的地域及时空的限制，实现了消费者与生产者的即时互动，实质上是对经济的一种社会化，它同传统的工业经济、农业经济有本质上的区别。作为一门科学，会计的实务与理论都是以一定社会经济环境为基础的。

## 一、网络经济条件下会计的特点

会计信息系统更加完整。在互联网时代下，企业的投资者和债权人能够更加清楚地看到企业的各种会计信息，也能在一定权限内查询企业经营管理状况，还可以结合企业所提供的相关信息在互联网上整合归纳，分析出自己想了解的信息，也能随时掌握企业的认识变动、销售业务等具体情况，充分地掌握企业现在和未来的发展方向，客观地分析和预测企业的投资价值和经济效益。

会计信息系统更及时迅捷。随着网络经济的逐步发展，会计核算已经由过去的静态核算变成动态化的即时核算模式，网络财务系统可以及时快捷地显示出企业生产管理的情况、资金的流向和收支等各种细节，过去的月报、季报和年度报表将被即时的动态财务分析报告所取代，企业财务信息的管理者可以通过网络掌握过去和现今企业的详细会计信息，也能随时随地地检查分析财务报表，综合地对企业发展做出评定。

有机如何了会计信息和其他信息程序。互联网打破了时间空间的限制，极大地提高了信息处理的速度和效率，可以全面地分析各类经济信息。所以过去固定单一的会计信息系统已经逐步淘汰，而发展成为科学的综合化信息管理系统，组成了良性循环的会计信息处理系统，并能充分结合其他相关信息，构成全面的企业信息分析平台。

## 二、网络经济条件下会计的发展趋势

计算机作为对信息处理最为快捷有效的工具，它在会计领域中的运用，使会计信息处理了有质的飞跃，为会计信息提供了最大限度的、全方位的信息支持。

会计电算化。会计电算化是一种会计技术，它对会计是一种创新，通过计算机实现会计计算机电子化，通过计算机可以实现会计工作的无纸化，对复杂的会计工作可以利用电子计算机快速便捷有效地工作。

会计网络化。随着网络经济的发展，越来越多的企业实现了会计网络化。原始数据通过网络从企业各个管理子系统直接采集，从凭证到报表的全过程人工干预大大减少。数据处理、加工速度成千上万倍提高，不同人员、部门之间数据处理、加工的相互合作使信息共享不再受到空间范围的局限。通过会计体系与业务处理及管理控制系统的密切结合，实现了对基本业务的实时会计控制。企业还可以在管理人员的参与下，由电子计算机来完成决策选优过程。

网络会计。网络的迅猛发展给会计的环境带来了全新的变化，在这样的背景下，网络会计便应运而生。网络会计和网上银行的出现，能够使企业财务人员足不出户就可以进行报账、查账、付款等会计活动。此外，网络会计实现了在线财务控制和实时动态会计核算。特别是通过运用电子单据、电子货币，十分有利于获取财务信息，从而改善财务信息的有效利用。

## 三、在网络经济条件下增强会计管理的有效途径

全面提升财会人员的素质。现代信息技术，帮助企业实现了企业会计信息化、建立了科学的管理信息系统。除此之外，类似大型数据库的现代技术，也实现了跨年度查询，且还能整合采购、销售、库存等方面的信息为决策提供数据支持。当前，随着网络化程度的不断提高，不仅要求会计从业人员能进行计算机的操作，而且还要求工作者能灵活处理面临的各类问题。因此，大力培养一批具有现代会计知识及掌握信息技术的复合型人才的要求日益紧迫，我们必须以会计为基础，不断培养综合性人才，全面提升财会人员的综合素质。

全面增强会计的安全性能。财务管理部门首要考虑的问题就是如何提升企业的会计

安全防范机制，要建立健全财产保护机制去确保资产的安全和会计信息的真实有效，避免因为企业内部工作人员漏洞、系统缺陷和电脑病毒带来的损失，要规范日常管理的制度，加强对企业职工、计算机软硬件的控制管理，还有文档资料、操作系统的完善，积极防治电脑病毒和木马，营造一个安全健康的会计环境。

科学构建企业会计核算流程。科学的财务业务流程要以客户的需求和企业发展的目标为中心，通过企业良好运行，全面发挥信息技术和人力资源的优势，大力提升企业的经营管理效率和整体业绩；善于运用信息资源科学构建企业会计的核算流程，将其当作企业会计流程中的主要组成部分，彻底转变企业落后的管理模式，朝着现代化的经营管理模式发展。

建立健全法律法规，完善配套措施。为了给网络经济条件下的会计提供一个更加健康和宽松的社会发展环境，应进一步建立和完善相关的法律法规。如电子商务法规，对网上交易的购销活动、支付行为等加以规范，制定网络会计信息管理、财务报告披露的法规法则等，对网上披露的责任与义务、会计信息质量标准要求、监管机构及权责等进行具体规定。

综上所述，随着网络经济进程的不断推进，会计的管理目标和职能也有了很多新变化，在互联网的帮助下会计信息实现了即时报告，也逐步构建起科学的信息系统，传统的会计工作模式已经不能适应时代的需求，会计人力资源的调配也有了一定调整，逐渐朝着规范化、国际化的道路发展，企业的工作效率也有了很大的提升。网络经济给公众的经济生活带来了很大影响，但也要清楚地认识到目前的会计中还存在很多问题，要积极优化改革不足之处，促进会计管理工作走上可持续发展的道路。

# 参 考 文 献

[1]项怀诚. 新中国会计五十年[M]. 北京：中国财政经济出版社，1999.

[2]杨时展. 1949—1992年中国会计制度的演进[M]. 北京：中国财政经济出版社，1998.

[3]蒋岗. 制定中国会计准则的初步实践[J]. 会计研究， 1992(2)：26-30.

[4]刘玉廷. 中国会计改革开放三十年回顾与展望（上）：我的经历、体会与认识[J]. 会计研究，2008(12)：3-14.

[5]袁际唐. 国际会计准则[J].外国经济参考资料，1979(5)：35-37.

[6]徐政旦，吴诚之.关于确立我国企业会计准则问题的探讨[J]. 上海会计，1981(2)：2-12.

[7]王志强. 上海市会计学会会计准则研究小组举行第一次学术讨论会[J]. 上海会计， 1981(7)：20.

[8]葛家澍. 论会计理论的继承性[J]. 厦门大学学报（哲学社会科学版），1981(3)：76-87.

[9]娄尔行，王澹如，钱嘉福. 资本主义企业财务会计[M]. 北京：中国财政经济出版社，1984.

[10]高一斌. 我国《会计法》的制定与发展[J]. 会计研究， 2005(8)：3-14.

[11]宋慧. 当前会计管理存在的问题及对策[J]. 财经界（学术版）， 2014(36)：153.

[12]刘海平. 我国企业会计内控制度的现状分析及完善措施[J]. 才智， 2016(6)：272.

[13]王丽茹. 当前中小企业财务会计管理中存在的问题及对策[J]. 商场现代化，2018(23)：122-123.

[14]丛远兵. 中小企业会计信息披露存在的问题及应对措施[J]. 江苏工程职业技术学院学报，2019(4)：75-77.

[15]张丽哲. 基于大数据的企业财务风险管理体系模型的构建[J]. 中国管理信息

化，2017(17)：27-28.

[16]雷磊．企业会计管理面临的风险与防范途径分析[J]．智富时代，2018(7)：34.

[17]霍碧春．企业会计管理面临的风险与防范途径分析[J]．知识经济，2018(3)：93.

[18]朱达成．基于财务风险管理的高新技术企业内控体系构建[J]．财会学习，2018(9)：238-239.

[19]沈左红．试析商业零售企业的内控管理优化[J]．全国流通经济，2018(34)：5-6.

[20]方平丽．财务共享中流程管理现状与再造[J]．商业会计，2019(6)：95-97.

[21]陈惠兰．网络环境下的企业财务会计管理的新模式构建[J]．中国商论，2019(12)：172-173.

[22]魏兰．会计信息系统风险控制体系及其评价研究——基于RPSW案例[D]．北京：首都经济贸易大学，2018.

[23]教兵．企业会计管理中的风险控制策略[J]．中国管理信息化，2016,19(4)：5.

[24]张艳平．浅谈会计管理中的风险控制措施[J]．佳木斯教育学院学报，2014(3)：484-485.

[25]金英惠．企业会计管理中的风险控制及对策研究[J]．企业导报，2012（15）：82-83.